講談社選書メチエ

726

贈与の系譜学

湯浅博雄

MÉTIER

はしがき

宗教的なものと贈与

碑銘に刻まれた資料や文書・文献が残っている数千年の歴史を概観してみると、人間が贈与というふるまいを行うように導かれた要因のひとつは、〈宗教的なもの〉に促されたことにあったと思われる。さらにもっと原初の時代、未開の時代に遡って推測してみれば、ひとが贈与的ふるまいに導かれたのはおそらく〈宗教的なもの〉が発生した時期とほとんど同時だったのではないだろうか。

初期の人々は、自分たちが働いて産み出した富（の一部）を、まず神々や精霊たちへの捧げものにし、贈りものにした。そのように贈られた富は自分たちにとって最も大切な、このうえなく大事な生産物だったと思われる。たとえば原始遊牧民や牧畜民においては羊などであり、定住した農耕民においては、小麦や葡萄、あるいはまた稲、粟などであった。そんな重要な、主要な富を犠牲《サクリファイス》にして捧げるからこそ、贈与はまさに贈与としての価値を持ったのだろう。こういう面はたしかにあったと思われ、原初の人々も、とくに自覚などしないまま奥深くでそう感じていたにちがいない。

このうえなく貴重な富や財を、神々に贈るという仕方で捧げるふるまい。たとえば、遊牧民が羊を死に至らしめるふるまい。狩猟民（アイヌの人々のような）が神の化身とも思われる熊を死なせるふるまい。あるいはまた、農耕民が稲米や穀物を神饌《しんせん》として差し上げ、神に食べてもらう（そして、この差し上げる行為を執行する者も、神と共に食べる）ふるまい。こうしたふるまいは日常の時間・空間とは異なる、特別な、昂揚した時間であり、聖別された空間である。それゆえ、それはただちに〈祝祭〉となったのであり、やがて〈祭儀＝供犠《サクリファイス》〉として制度づけられるようになる。

たとえば、古代中国の文献（「漢書」、「魏志」など）のなかで「倭」と呼ばれていた日本列島の「大和王権」の「大王」は、おそらく弥生時代から多くの村々で、収穫のあとに行われていたこうした祭儀を吸い上げて、「新嘗祭《にいなめさい》」というかたちで定式化し、自分だけが執行する（そして、自らが神の威光を分かち持つ至高者であると権威づける）秘儀にした。余談だが、付け加えておくと、他方で、天武・持統朝の大王は、「天孫降臨」のような高天原《たかまがはら》系の「神話」を（出雲系の神話などと合わせて）編集するというやり方で創作し、自らは（中国の「皇帝」、「天子」という称号を参照して）「天皇」と名のった。そうすることで、自分たちの統治権、支配権は、神から承認され、委任された正統なものであると自任し、また他の人々にもそう認められるようにしたのだ。

英国の民族学者ウィリアム・ロバートソン・スミス（一八四六―九四年）は、初期ユダヤ教に関する優れた研究書である『セム族の宗教』（一八八九年）のなかで、原初から古代の社会において「供犠のない祝祭はなかったし、また、祝祭のない供犠もなかった」と指摘している。供犠――主要な、最も貴重な富を犠牲にして、神々に捧げ、贈りものにすること――こそが祝祭の核だったのだ。こうした点については、あとで、もう少し詳細に考えてみたい。

さらに未開社会における〈物の交流・交易〉に関して、次の点も考慮に入れておくべきだろう。すなわち、二〇世紀初頭から後半にかけて文化人類学的、民族学的なフィールド・ワークや諸研究が明らかにしたように、原初の社会では、人々がなにかある物、自分が作業して産み出し、保持している物を、自分とは違う、他の人々（他の氏族・部族）へと交流させる場合、少なくとも最初は、贈与する、というかたちを取る。自分が生産したもの、制作したものを、他なる者（他の氏族・部族）に贈る、というやり方で交流・交易を開始するように見える。このことについても、あとでもう少し掘り下げて考えてみよう。

宗教的なものが要請するモラルのひとつ

他方では、古代に発生し、近・現代にまでつながる世界的な普遍宗教において、〈贈る〉こと、〈贈与的にふるまう〉ことが大切な美徳であり、善き行いだとされてきた点を深めてみる必要があるだろう。宗教（ユダヤ・キリスト教、イスラム教、仏教など）は、他の者たちの求め――多くは無言の訴えかけや呼びかけ――に応じて、ひとは自分の大事な富や財（の貴重な部分）を犠牲にし、窮境にある他なる人に贈り、譲るように説いている。それは徳ある善き行いであり、他者の呼びかけに応答する、責任あることと、正しいことである、そして信者としての義務をはたすことでもある、とみなされている。ここに、宗教的なものが要請するモラルの基本のひとつがあると考えてもよいだろう。

このことから推定すると、次のように言えるのではないか。つまり、贈与というふるまいはおそらく、ひとえに他なるもの＝他者との関わり（そして、関わり合い）のなかで問われるものだろう、と。さきほど触れたとおり、原初の未開社会では、贈与的ふるまいはまずなによりも神々や精霊たちに向かって自らの貴重な富を犠牲にして捧げることだったが、他なる人（他の氏族・部族）に向かって自らの財＝生産物を交流させるときにも、まず初めは〈贈与する〉というかたちを取った。やがて貨幣の発達とともに等価性の設定が強く際立つようになり、〈等価なものの交換〉という枠組みに即した交易やエコノミー活動が広範に行われるようになると、贈与というかたちを取る交易・交流は、見たところ、衰えていく。

だが、そのように等価交換という強力な観念が万般にわたって優位に立つプロセスのもとでも、〈宗教的なもの〉およびそれが要請するモラルによって深く問われてきたのは、根本的に言うと、他なる人（たち）との関係のなかで、真に贈与的にふるまうのか――そうすることで責任・義務をはたすのか――、それとも単に見かけ上贈与的であるかのようにふるまうことで真の贈与を回避してしまうのか、という点だろうと思える。

しかし、真に贈与的にふるまうというのは、ほんとうにできることなのか、真の意味あいで可能なことなのだろうか。キリスト教のような宗教は、真に贈与的にふるまうことが〈実際に起こった〉のであり、私たちはひたすらその真の贈与を――それが可能なものであることを――信仰することで救済に導かれると説いてきたが、ただ大きな困難・難題には目を瞑《つぶ》ったうえでそうしてきたのかもしれない。

宗教的なものが要請するモラルに則して大切な徳であり、善き行いだとされた贈与的ふるまいが、信者の側からの好意、善意に基づいているのはたしかである。しかし、そうだからと言って、こうした贈与的ふるまいが〈真の意味あいで贈与する〉ことになるとは限らないだろう。厳密に言えば、真に純粋な贈与――贈与としての贈与――となるやり方で〈譲り渡すこと（放棄すること）になる〉とは定まらないかもしれない。ほぼすべての贈与的ふるまいは、真の意味あいで〈純粋な贈与になる〉と決定することのできない、複雑に込み入った何かにつきまとわれているのではないだろうか。

真に純粋な贈与は不可能なものではないか

見たとおり、原初の人々は、自分たちが作業して産み出した富（の一部）を、まず神々や精霊たちに贈るが、こういう富は自らにとって最も大切な、貴重な生産物であり、そんな重要な富を犠牲にして捧げるからこそ、贈与はまさに贈与としての価値を持つ。この点はきわめて重大な意味を有しているのではないか。すなわち、ひとが贈与するということは、根本的に探っていくと、このうえなく大切なもの、（その人にとって）特有な、唯一の、最愛のもの、それゆえ〈贈与しえないもの〉を贈るということではないだろうか。譲ることや手放すことなど考えられない何か、最も貴重な何かを手放し、放棄するという仕方で贈ること。それこそが、そしておそらくそれのみが贈与することなのである。

そうすると、〈贈与しえないもの〉を贈ることとは、ありえないこと、不可能なことだ、と思える。それは考えようのないものである。

だが、それでも、もし仮に〈考えられるもの〉に近づくことがありうるとすれば、そういうときには、歴史的、伝統的に眺めてみると、次のように信じられている。つまり、やがて必ず報われ、償われる、手放して消失したものを埋め合わせるように神から恩恵を授けられる、消失したものは元に戻されると、ほとんど無自覚なまま信じられている。後《のち》に来る時になれば、神的なものの加護のもとに恩寵が授与され、補償される、とほぼ無意識的なままに期待されている。そのように暗に期待され、予期されたうえで、初めて、贈与は〈起こりうる〉ようになるだろう。

そういう贈与は、まさに贈与的ふるまいであるという外観を示しながら、時間の流れとともにやがて〈交換的なもの〉に帰着する何かを隠し持っているのではないだろうか。こうした角度から見ると、贈与的ふるまいはつねに両義的な曖昧さにさらされており、決定不可能なところを秘めている。

贈与的ふるまいは、たしかに好意や善意に基づいて、ほんとうに贈与的であろうと志向しているけれども、そういう志向の真正さとは独立したところで、贈与的ふるまいは、実のところ、きわめて難しい問題に直面するのではないだろうか。通り抜けることの困難な難関《アポリア》に出会い、それに難渋するのではないか。さらに言えば、不可能なものに突き当たり、どうしてもそこを越えていけないので、ほとんどそこに宙吊りになるのではないか。

贈与的ふるまいを純粋な贈与として貫徹することは、不可能なことなのだろうか。そして、このように不可能なものに突き当たって中断されることは、贈与的ふるまいのモラル的価値をあやふやなものにするのか。下落させるのだろうか。それとも、むしろ逆なのか。さまざまな問いに答えるために、はやることなく少しずつ考えていこう。

まず、「プロローグ」では、本文で語られる論点を少し先取りして、各々の章のなかで何が言われ、考えられているか、何が扱われ、論じられているかをできる限り提示しておきたい。

贈与の系譜学◉目次

プロローグ

等価なもの、交換可能なものという観念

私たちは現代の資本主義社会、市場経済社会に生きている。資本制や市場原理に基づいた生産、交換・流通、消費、再生産というエコノミー体制のなかで生活し、多くの他の人たちと関わり合っている。そこでは、もうはるかな昔から、商品生産と商品経済が行われており、貨幣と引き換えにする仕方で必要な生活財や象徴財を買ったり、ときには必需品だけでなく貴重品・贅沢品なども手に入れたりしている。

そして、そこでは、どんなに異なるもの同士——まったく異質な、なんの共通性もないもの同士——であっても、基本的に言えば、ある種の共約可能性があるものとみなされている。つまり私たちは、ずっと以前から、なにかあるものと別のものとが共通の尺度に応じて測られ、等価なものとみなされ、交換されるということを、当然なことであるかのように受け止めてきた。

それゆえ、さまざまな物の移動・やり取り、つまり物の交流・交易に関して、等価なもの同士が、共通の尺度による仲介を経由しつつ、まさしく同じ値打ちを持つから交換される、と思っている。私たちは、物の移動・やり取り、交流・交易を考えるとき、同じ値打ち・価値・価格であるもの同士が

交換されることこそ当然なことだと考えているので、〈等価なものの交換〉という交流の仕方しか思い浮かべることができないほどである。

たしかに、等価なものの交換という交流の仕方――その観念――は、ある意味では、自然な成り行きとして生まれてきたものであり、根強い力を持っているだろう。実際、等価なものの交換という交流・交易は、近世の重商主義的経済から近・現代の資本制に基づく商品生産・商品経済によって強化されたにはちがいないが、しかし近世・近代以前からなんらかの仕方で存在してきたものであり、もっと古い時代からほとんど自然に成り立ってきたものだと考えられる。そして、長い歳月を通じて慣習化し、規範化し、心的な習性になったものである。

問題なのは、たとえば次のような点だろう。すなわち、この観念の支配力・拘束力はきわめて強いので、物の移動、交易、商業、商取引の領域だけでなく、人と人との関わり・交流の領域においてさえ、いつも等価性が成り立っている、そしてただちに交換可能である、という思い込みや信憑が大きな力をふるってきた、という点である。

例をあげると、自動車部品（ベアリング）工場の経営者（雇い主）にとっては、ひとりの従業員はひとつの労働力（という商品）であり、その熟練の度合いによって月給二〇万円（という値打ち・価格）に相当する。この従業員Aが労働災害で働けなくなったとき、経営者は同じだけの熟練の度合いを持つ別の従業員Bを募集し、月給二〇万円で雇用する。つまり、等価な労働力によってすぐに取り替える。労働市場では、まったく当然のことかもしれない。

こういうとき、AやBという人間は、個々の人間である以前に、なによりもまず〈同程度に熟練した労働力〉に還元されており、等価なものとして交換可能だとみなされる。ＡやＢという人間は、それぞれに独自な生活・人生、実存を持っており、そんな生活・人生、実存を生きるなかで、自らに固有なもの、独特なもの、他の者とは異なる特異な何かを有しているが、そうした固有性や特異性は、ほぼ無視され、考慮に入れられなくなる。まず労働市場においてそうなるが、実際にはそれだけではすまない。他の多くの局面、状況においてもそうなることを免れないだろう。

人と人との関わりにおいて、当然のように、他者（相手）に――別の人間との、すなわちひとつの〈型〉として思い描かれた人間との――等価性を割り当てること。そして、この他者をいつでも別の人間と――等価なものとして――交換可能だとみなすこと。それは、結局のところ、このひとりの他者に固有なもの、独特な、個性的な何か、特異性を軽視したり、無視したりすることにつながる。等価なものの交換という観念に支配されることは、人と人との関わり・交流、すなわち〈他なるもの＝他者との関係〉において最も大切な、尊重すべきもの――この他者を私にとって他なるものたらしめている他者性、つまりこのひとりの他者に固有な、独特な何か――を見えなくさせてしまうことになる。

〈等価なものの交換〉という交流の外の領域

さきほど〈等価なものの交換〉という交流・交易は、かなり古い時代からほとんど自然に成り立ってきたもののように思える面を持っていると述べた。そう推定されることはたしかだが、しかし次の点にも注目すべきだろう。つまり、それでも人間は、他方で、等価なものの交換という交流・交易の外の領域を知らなかったわけではけっしてない、という点である。

原始・古代以来、宗教的なものの領域には、無償で恩恵を与えること、呼びかけ、訴えかけている者、求めている者たちに贈り物をすること、自分の富や財（の貴重な一部）を贈ることという、贈与的、自己犠牲的な行為・ふるまいがあった。それは善いことであり、他者の呼びかけ、訴えかけに応答する、責任あること、正しいこととみなされ、しばしば人間のなすべき義務ともされていた。つまり贈与的にふるまうことが、宗教的なものの要請するモラルを支える柱のひとつだった。

さらにまた、さまざまな物、生産物の移動・やり取りに関して、つまり物の交流・交易に関わる領域において、私たちは長年、原初の人たちは〈物々交換〉をしていたのではないかと考えてきたが、二〇世紀初頭から後半にかけて文化人類学的、民族学的なフィールド・ワーク、そして諸研究はひとつの注目すべき発見を行った。それによると、未開の社会では、人々がなにかある物、自分が作業し、働いて産み出した物、手にしている物を、自分とは異なる他の人々へと交流させ、いわば交易のルートに送り出す場合、少なくとも最初は、贈与する、というかたちを取る。すなわち、自らが作業して生産したもの、制作したもの、所持するものを、他なる人（他の氏族・部族）に贈る、というやり方で交流・交易を始めるのである。少なくとも外部からやって来た観察者には、そう見える。

古代思想における〈正しさ〉の観念、義務・責任の観念

そこで、まず古代の倫理思想における正義＝正しさの観念、義務・責任の観念に眼を向け、そのあとで初期キリスト教のことを考えてみる。

たとえば、アリストテレス（前三八四―前三二二年）の『ニコマコス倫理学』第五巻「正義」を読みつつ、古代社会における正しさの観念、義務の観念を問うてみよう。すると、〈正しさ〉というモラル的観念を理解する場合にも、同じ値打ちのものによって置き換えられたり、報われたりすること（代償を得ること）を基本にすえる思考様式が深く根付いていることに気づく。つまり、どんな社会体制、同盟、結社などよりももっと古くから人々のあいだで実践されてきた活動、すなわち、貸しを持つ、借りを負う、買う、売る、といったエコノミー的活動に基づいて理解されている部分や側面が多いことがわかる。正しさという観念は、等しさ、同等性、等価性に基づいている面がきわめて大きいだろう。エコノミー的活動における公正さ、公平性に、意識的にせよ、あまり意識していないやり方によるにせよ、大幅に依拠している。

さらに、フリードリヒ・ニーチェ（一八四四―一九〇〇年）の『道徳の系譜』（一八八七年）によると、モラルの基本概念である「過ち、過誤」という観念、「罪」という観念が生じてきたのも、借りたもの（あるいは恩恵として与えられたもの）を返せないことに由来する面が大きいのである。他の者から恩＝借りを与えられたのに、そして、そういう恩は必ず返さなければならない負債であるのに、それを賠償するだけの返礼＝返済を行うことができない者――そういう者は、大きな負債＝恩を負ったままであり、それゆえ過ちを犯しており、心的に〈罪がある〉と感じられるだろう。

基本的に言うと、責任＝応答という観念（その重要な一部）は、恩義＝負い目を受けたことを覚えており、それを償う者、返す者としての自己を受け合う意識から生じている面がはっきりと浮き出す。そして、義務の観念（の一部）は、恩＝負債を償い、返すことで正しさを実践するように促す感情から生じているように思われる。義務というのは、根本的に言うと、与えられたもの〈借りたもの〉を元に戻す義務、与えられた恩＝負債を必ず返す義務だと信じられている。それゆえ、〈正しい〉者であろうとするなら、〈不正なもの〉とみなされる負債＝負い目、過ち、罪を、必ず償わなければならない。代償によって返済し、埋め合わせをして、元に戻さなければならない。このような古代における通念的義務観、正義観から考えれば、過ち、罪によって穢《けが》れている者、負い目に苦しんでいる者たちが、なにも返済しないまま「無償で」赦《ゆる》される、というようなことは、ほとんど考えようのないことである。

初期キリスト教——イエスの愛による自己犠牲《サクリファイス》を信じることで、人々は無償で赦され、義とされる

しかし、古代社会でも、キリスト教のような宗教は〈等価なものによって償うこと〉に基づく正しさという観念を疑い、それは〈神の御心〉に沿うものではない、と考えていた。そして、正義＝正しさということを、もっと別のやり方で受け止め、実践しようとしていたのではないだろうか。「無償の」愛によって留保なく自己（の生命・身体）を贈与するという次元をもたらそうとしていたのではないか。

初期キリスト教は、ローマ帝国の統治下にあった古代ユダヤ社会を律していた倫理への批判として形成された面を持つ。ユダヤ教の倫理は、いわゆる〈律法〉として定着し、長年のあいだに社会的倫理規範のようになっていた。そして、民衆たちの現実生活を律していた。だが、その代わり、内的、精神的な倫理、神と人間の内的関係は薄れ、俗化していたと言える。イエスの言葉はその点を批判する。

戒律を守ることは、たしかに〈法に適《かな》う〉こと、適法的なことであって、その意味で正しい、義なることである。善いことだとも言える。だが、それは、既成の社会倫理の範囲内で、義務とされていること、〈そうすべきである〉と定まっていること、〈正しい、とされていること〉をそのまま守ることである。イマヌエル・カント（一七二四―一八〇四年）の言い回しを借りれば、そういう義務を果たすことは、善意や誠意が伴わなくても、すなわち〈それ自体において善い意志〉が欠けていたとしても、十分可能なのである（カント 一九七六、二二頁）。

戒律を守ること、律法を遵守すること。それは、カント的に言えば、「義務に従って、義務に適合して」行為することである。そういう行為は適法的で、正しいものに違いないが、しかしその行為は、ほんとうに倫理的な行為だろうか。モラルとしての価値を持っているだろうか。初期キリスト教の主張に即して問いを発してみれば、こう言えるだろう。律法を守ることは、「義務に従って」行為することだが、それは、神との内的関係において義なることなのだろうか。

パウロ（前一〇頃―後六五年頃）は、「ローマの信徒への手紙」のなかで、戒律を守り、義務に従って行為することでは「神の前で義である」とは言えず、真に正しく、義であるのは、神との内的関係において義とされることだと説いている。

ところが今や、律法とは関係なく、しかも律法と預言者によって立証されて、神の義が示されました。すなわち、イエス・キリストを信じることにより、信じる者すべてに与えられる神の義

です。(「ローマの信徒への手紙」三・二二―二三)

パウロによれば、神は、自らの息子であるイエスを、人々みなのために「犠牲《サクリファイス》」に捧げてくれた。「神はこのキリストを立て、その血によって信じる者のために罪を償う供え物となさいました」。パウロの考えでは、人々はみな「罪を犯して神の栄光を受けられなくなって」いるが、しかし、「ただキリスト・イエスによる贖《あがな》いの業《わざ》を通して、神の恵みにより無償で義とされるのです」。

こういう「神の恵み」によって、すなわちイエスの広大な愛による自己犠牲《サクリファイス》、自らの生命・身体の留保のない贈与のおかげで、人々の罪や穢れは「無償で」赦されるのである。そして、そんなイエスの犠牲を信じることによって、人々は「義とされる」。キリスト教はたしかに常識的な正義観をのり越え、無償で赦すという、大きな贈与的次元を含んでいる。だが、それは真の贈与である、そう定まっている、と言ってよいのだろうか。

キリスト教的な正義は贈与的次元を含むが、ついに純粋な贈与として維持されることはないだろう

イエスの受難に関わるパウロの教えに対して、ニーチェによる評価と批判を検討してみよう。キリスト教はあえて「無償で」、過ち、穢れ、罪を償えない者を放免しよう、とした。負債を返せない者、支払えない者、義務に欠ける者を大目に見て、赦すこと。それは、ある面から見れば、生粋の善意、一方的な好意であり、留保なく愛を与えることである。自分(にとって貴重なもの)を犠牲にしてなされる贈与であり、このうえない恩恵であるはずだ。

しかしニーチェはそこにキリスト教の功徳だけを認めるわけではない。キリスト教が宗教として最大の力を発揮したモメントをそこに見ている。すなわち大きな愛を贈与しつつ、他方で、その贈与という恵みを取り消し、もっと大きな負債へと反転させてしまうモメントを見ている。キリスト教的な正義は、一方的な好意、善意に溢れており、穢れ、過ち、罪などを償えない者、支払えない者を、無償で赦す、という贈与的性格・次元を持つ正義である。そのはずだ。が、しかしそれはまさしく〈神の恩寵＝恩赦〉にほかならないとみなされている。

こうした恩寵＝恩赦という正義は、たしかに一方では、旧来の正義を超えているだろう。公正、均等性、客観的等価性の回復という善意、恩＝借りを返す義務、元に戻す義務などの常識的な正しさを

パウロ

不十分とみなし、のり越えようとしている。「無償の」愛の次元、自らの息子を犠牲にする、留保のない贈与である愛の次元を生み出そうとしている。この大きな、無償の愛の贈与のおかげで、重い負債に苦しんでいた人々は、その罪過、苦悩を引き受けてもらい、奇蹟のように救われた。イエスの受難と復活を信じる宗教は、メシアニスムの土壌を踏まえて、きわめて強い魅惑力を発揮した。人々は過ち、罪、穢れから赦され、解放された。そう思えた。し

かし、逆説的にも、もっと大きい負債＝恩を担うようになったのである。
いったいどうすれば、この大きな愛の贈与、気高い生命・身体の犠牲――まさに恩寵にほかならない犠牲――に応えることができるのか。それは、ローマ教会によって定式化された教えによれば、ひとが、神の計り知れない愛の贈与に感謝し、報いようとする者、すなわち、神（の子イエス）を深く信仰する者、来たるべき神の国への希望＝期待を持つ者、慈愛（神への愛を通じた、隣人への愛）に溢れた者、モラル意識の強い、疚《やま》しい良心を抱く者――さらにいっそう罪の意識に苦しみつつ、もっと償わねばならないと感じる者――になればなるほどそうできる。禁欲主義的な理想に近づけば近づくほどそうできるのだ。

こうして神（の子）自身が、人間たちへの愛に促されて、人間たちの救いのために、自らを犠牲として捧げる供犠《サクリファイス》は、たしかに通常のエコノミーの回路を中断し、破る、驚嘆すべき出来事であって、瞬間的にせよ、純粋な贈与の次元に近づく。しかし逆説的にも、もっと大きな、無限の恩＝負債のエコノミーを復原することになるのではないか。

キリスト教的な正義＝正しさが贈与的ふるまいという次元を内包しているのは明らかだろう。等価なものの交換に基づく、通念的な正義観や義務観を超えて、純粋な贈与に近づく面がある。そういう面は初期キリスト教の（そして、おそらくあらゆる宗教的なものの）魅惑をなすところだと思える。だが、しかしまたこう言うことができるだろう。すなわち、そうした贈与的次元を含む正義には、超えがたい限界、通り抜けることのありえないほどの難関《アポリア》が潜んでいる、と。なぜなら贈与という出来事は、まったく純粋なものとしては、つまり贈与としての贈与、自己犠牲としての自己犠牲としては考えようのないほど難しいものであり、ほとんどありえない、不可能なものである、と思われるから。

原初の社会における贈与的ふるまい――供犠＝祝祭の発生とその本質

ここで、贈与がとらわれているアポリアをもっとよく検討するために、古代社会よりさらに遡って、原初の社会における贈与的ふるまいを、もう一度、よく考えてみるのがよいと思われる。

原初の人々にとってこのうえなく重要な祭りだった供犠＝祝祭を考察してみよう。供犠＝祝祭が贈与的次元を含むこと、ある種の贈与的な出来事であることはたしかである。だが、それは真に純粋な贈与であると定まるのだろうか。そう定まって存在するのか。交換的なものに帰着する部分が混ざり合っていることはないのだろうか。

まず、なぜ供犠（という自己犠牲的、贈与的ふるまい）が発生したのか、を考えてみるべきだろう。原初の社会では、基本的に言って、富や財はまず初めに神々に贈るものだった。貴重な富を神々に贈与するというやり方で費やす活動は、何かに役立つというよりも、その活動自体のうちに目的を見出している。産み出された富を費やすことは、何ものかに利益があり、役に立つと予測されたうえで消費することとは違う。それを費やすことが、そのこと自体において価値を持つ仕方で使うことである。

言いかえると、富を費やすことが、再び生産活動が円滑に運ぶようにするという目的を考慮して――あるいは、いつのまにか予測し、見込み、期待して――実行されるのではない。そうではなく、その消費が、もっぱらそれ自体のうちに究極性＝目的性を持つ様態で行われるのだ。このとき貴重な富は、非生産的なやり方で消費される（ある意味で、濫費される）ことになる。通常の意味での〈消費〉とは異なり、むしろ〈消失＝消尽〉である。供犠《サクリファイス》は、そういう消尽であり、労働して生産した貴重な産物である羊を、つまり人間に役立ち、奉仕する〈事物《ショーズ》〉に変えられた羊を、神に捧げるという仕方で「死なせる」ことによって、本来の、無傷な、手つかずのままの生命存在に戻す、という意味を持っていたのではないだろうか。

　供犠＝祝祭は、なによりもまず貴重な生産物としての羊を破壊する。つまり人間の労働によって直接的な自然――無媒介的な、与えられたままの生命存在――から引き出された制作品としての羊を破壊し、死に至らしめる。どういうやり方で貴重な富を破壊するのかと言えば、精霊たちや神々に贈るという仕方で、そうする。そんな光栄ある、晴れがましい様式で、つまりなにも生産に役立たない仕方で破壊され、濫費し尽くされることで初めて、〈事物〉化していた羊は、〈事物〉の位置する面から引き剝がされ、本来的な生命の輝きを取り戻す。それと同時に、捧げ物である羊を破壊する者、贈与する者である人間も、まさに死んでゆく羊に同一化して、自ら〈死にゆく〉かのような、死に限りなく近づいていくような、不思議な情感・情緒、〈聖なる〉情念に貫かれる。深い連続性の感情に浸されつつ、事物への配慮・関心から解放され、あたかも〈至高である〉かのような輝きを――その瞬間のみにせよ――回復するのである。

　そして、そのように晴れがましい祝祭において破壊され、消尽されることを通して、本来の、無傷の、手つかずのままの生命力（自然的生命存在としての輝き）を甦らせた羊は、次の世代においても豊かに繁殖すると信じられるだろう。羊の豊饒な繁殖が信じられる。ただし注意すべき点は、豊饒な繁殖というのは、供犠を行うこと——羊に本来の生命力を甦らせること——の結果であって、供犠の原因＝原動力ではない、という点である。

供犠＝祝祭は贈与的である面を持っているが、神の恩寵を授かることを前提にして制度づけられると、むしろエコノミー体制のなかに収まっていく

それでも、歴史的な観点に立って供犠＝祝祭を考察してみれば、豊饒や繁殖を祈願するとか感謝するという呪術的操作の側面がはっきりと浮き出す。そして、まるで供犠＝祝祭の要因であり、本質であるかのように優位に立つ。実際、豊饒や繁殖は、農耕民、牧畜民にとってこのうえない恵みにちがいない。これほどの恩恵がもたらされるのは、捧げ物を破壊し、消尽する祭りによってだが、なかでも捧げ物がそれに向かって贈与される神々、目的＝究極としての神々こそが、そんな恩恵を授けてくれる。そう信じられていくだろう。

そうなればやがて、供犠《サクリファイス》は、そもそも最初から、本来的に、〈神的なものの審級〉に向かって〈犠牲の羊〉を捧げる祭儀であり、贈り物を受けた神は、後に来る時になれば、豊饒や繁殖という恩寵を授けてくれる、という信仰が当然のように成立するだろう。こうした信仰が確立し、まもなく慣習化し、氏族・部族共同体における主要な祭儀として制度づけられると、供犠＝祝祭は、逆説的にも、広い意味でのエコノミー体制のうちに収まってしまう。

このような〈贈与的ふるまい〉は、ほんとうに贈与的と言えるだろうか。贈与としての贈与、交換的なものに汚染されない、純粋な贈与だろうか。どこまでも曖昧な両義性がつきまとうのではないか。実際、贈与すること、消尽することには、それが純粋な贈与、贈与としての贈与であるためには、のり越えがたい難関《アポリア》があると思える。そういうアポリアの生じる要因のひとつは、〈神的なものの審級が存在する〉という信仰に関わるのではないだろうか。つまり贈与や消尽が、どうしても〈神的審級が存在する〉という信仰を生み出し、それに基づかざるをえないので、後になれば神の恩寵を授かるはずだ、という〈期待〉を抱かせること、そして、そうした信仰と期待を大きな前提にしてしまうのではないか、ということである。

十分に確立され、制度づけられている供犠＝祝祭において、あらかじめ〈神的審級が存在する〉という信仰を抱き、それを前提にして、その神的審級に犠牲を捧げること、そんなやり方で捧げ物を消尽し、破壊し、放棄すること。それは、純粋に贈与し消尽することにはならない。留保なく使い尽くし、なんの見返りも補償もなく贈ってしまい、放棄する、ということにはならない。そうではなく、後に来る時になれば、必ず神から恩寵という返礼贈与を受け取るはずだと〈暗黙のうちに期待している〉ことになる。密かに――ほとんど無意識的に――期待しつつ、贈与することになる。しかも、こうした密かな、暗黙の期待が、贈与の純粋性を汚染していることは自覚されないのである。

贈与のような激しい出来事は〈明晰な意識〉を超えているので、真に現前するものとしては生きられない何かを含みつつ経験されるほかない

サクリファイス、贈与は、発生論的、本質論的に考えるなら、特異な瞬間における――すなわち、捧げ物である羊が破壊され、死にゆく瞬間、それと同時に贈与する人間もまた限りなく死に近づいてゆく瞬間における——激しい出来事であり、それ以外のなにものでもない。こういう激しさは、主体としての人間、明晰な自己意識としての人間を超えているところがある。明晰な意識としての人間は、捧げ物を死に至らしめる、まさにその瞬間、すなわち供犠＝祝祭に深く没入している瞬間に、供犠＝祝祭が〈いま現に何であるか〉を、判明に区切って捉えることはきわめて難しい。不可能なことだとさえ言える。なぜなら、供犠＝祝祭のような出来事の経験は、ちょうど死ぬことに接近していく経験が真実の死に向かいつつ真の死（の現前）に出会うことはできないのと類比的に、真実としては——真の現前性という様態においては——経験されることのありえない何かを含みつつ経験されるほかないからである。つまり、供犠＝祝祭が経験されるとき、真実として経験される——真に私へと現前するものとして生きられる——可能性がどうしても欠如してしまう部分があるのだが、そんな部分を必ず含みつつ経験されるほかないからだ。

羊が破壊されるのは、元来、神への供え物であるからだと確定するにつれ、供犠＝祝祭は恩寵を期待して初めて実行されるようになり、この期待の時間に服す

だがしかし、初めから〈神的審級が存在する〉という信仰を当然のこととし、羊を死なせるのはその神に捧げている、神への供え物として破壊し、放棄するのだと確実に定まるようになると、供犠＝祝祭は〈明晰な自己意識を超えている〉激しい出来事であることから少し変化するようになる。そして、毎年の祭り（収穫祭のような祭り）として決まっている定期的な祭儀になってゆく。そういう過程に沿うかたちで、羊を贈り物として死なせ、破壊するのは、後に来る時になると必ず代償を得て報われるからだ、当然そう期待してよいからだと深く信じられる。つまり、死なせ、破壊するというのはたしかに無益な消尽であり、消失であるように見えるが、しかしどんな大きい損失であっても、やがて必ず償われる、等価なもの（それ以上のもの）によって補償される、そんな恩恵がまちがいなく授けられるはずだという〈期待〉がしっかりと確立する。そうして供犠＝祝祭は、このように代償を期待する時間、償われて幸いを得るのを待機する時間に結びつけられる。言いかえれば、エコノミー的な時間に――そして、そういう時間に基づくエコノミー体制に――取り込まれる。

実のところ、贈与、サクリファイスは、もし純粋に贈与的ふるまいとして考えられるとすれば、ただ、こういう代償を期待する時間、補償されて幸いを得ることを待機する時間から外れた、別の時間においてではないか。そんな別の時間、ふつうは隠れて、潜在している時間は、どのようにして不意に露出してくるのだろうか。おそらくそれは、私たちが日頃生きている通常の時間、時計で測られる量としての時間、物理的で客観的な時間が破れ、そうした裂け目の時間に、時間の本来的次元が開かれるのと同時に、ではないだろうか。

イエスの語る非‐対称性、非‐相互性――期待の時間の枠組みに収まる正義を拒むこと

こうした事情は、福音書におけるイエスの言葉、教え、行いにおいても、ほぼ示唆されていると思える。やがて後になれば、感謝され、償われ、報われるだろうと――意識的にせよ、意識しないままにせよ――期待して初めて〈正しくふるまう〉というのは、いわばエコノミー的時間のうちに回収される正義である。

前に触れたように、イエスの言葉と行いは、そうした期待の時間、償いを待機する時間の枠組みのなかに収まる正義＝正しさを破ろうとしている。福音書において、イエスは、現世的な、地上的な報酬を断念せよ、犠牲《サクリファイス》にせよと主張する。ただし、もっと気高い報いを天上で受けられるだろうと〈約束〉してもいる。「密かなところに見ている父は報い給おう」と語られているのだ。

福音書におけるイエスは、報復、復讐という相互性＝対称性を断ち切ろうとしているし、さらには、通念的な友と敵の区別や友愛の観念を問い直し、対称的ではなく相互的でもない愛を説いている。

あなたがたが聞いたように、こう言われている、「隣人を愛し、敵を憎め」と。しかし私はあなたがたに言う、「敵を愛し、迫害者のために祈れ」と。かくてこそ、天にいますあなたがたの父の子らになれよう。（「マタイによる福音書」五・四三―四五）

『新約聖書』の言葉が主張するのは、友人を愛するという通常の愛ではなく、留保なく愛を贈与することである。もし〈愛してくれる〉から〈愛する〉というように対称的な相互性の尺度にとどまるのなら、なにも贈与することはないだろう。どんな愛も与えないだろう。相互性の観念を超えてその彼方まで行くとすれば、どうあらねばならないのか。『新約聖書』の思想によれば、自分を愛す者だけを愛すのではなく、自分を愛さない者を愛さねばならない。「自分の兄弟」ではない者たち、親族・一族・同じ種族・同じ神を信仰している共同体の成員ではない者たち、自分を迫害する者、

「敵」である者たちに「挨拶」し、彼らを愛さねばならない。すなわち、なんらかの報酬を予測することなしに、なにも計算することなしに愛を与えねばならない。そういう贈与は、自分（にとって最も貴重なもの）を捧げること、犠牲《サクリファイス》にすることを伴うにもかかわらず、そうすべきなのである。

正義を行うことは、言葉で言われることではなく、誰にも見られないところで秘密のうちになされることである。初期キリスト教は、この秘密の内面に、そしてそれを証言する神に呼びかけ、証人になるよう訴えかけつつ、自己犠牲《サクリファイス》を伴うような正義や愛を実行するよう呼びかける。言いかえれば、地上的な報酬を断念せよ、現世のエコノミーを犠牲にせよ、と要請する。そうすることで、純粋な贈与の次元を開こうとし、大きな愛と正義をもたらそうとする。ただし、キリスト教は、そうやって現実社会におけるエコノミーを犠牲にするおかげで、もっと気高い報酬、測りえない、計算しえない報い、「密かなところに見ている父」の報いを希望できると約束してもいる。

こうした報いは地上的な報い、現実的で、計算されるような報いではない。計算しようのない、人知を超えているような報いである。報酬や代償とは言えないような報いである。エコノミー的な時間やエコノミー的体制には含まれない、その外であり、ほとんど非エコノミーであるような報いだろう。

それでも、きわめて厳しい口振りを取るなら、こう言うこともできないわけではない。キリスト教的な正義や愛は、たしかに贈与的次元を含んでおり、いったんエコノミーの円環的回路を破るが、しかしその破れたエコノミーの回路を、いわば天上への希望＝期待において再建する。すると、それはたしかにサクリファイスであり、贈与であるけれども、ある別の次元で、すなわちもっぱら心的、精神的な次元で償われるサクリファイス、贈与である。贈与的次元を持つ愛はたしかに自らの貴重なものを断念して与えるが、しかし後に来る時になれば、来たるべき神の国で報われるのであり、まったく純粋な贈与としては、すなわち贈与としての贈与としては貫徹しない。どうしても両義的になるところがあるだろう。

ここには、前に触れたとおり、のり越えがたい、通り抜ける道のない難関《アポリア》があるのではないか。やはり贈与にはアポリアをなす部分、そこを超えて通り抜けることのありえないほど難しいところがあるのではないだろうか。そうすると、贈与は――厳密に純粋な贈与としては――考えようのないもの、ありえない、不可能なものだと言わなければならないのだろうか。

たしかに贈与は、真に純粋な贈与としては、不可能なものである、と言っても――あるレヴェルでは――よいのかもしれない。贈与はなにかしら例外的で、出来事的な性格を刻まれており、自らが真実であるのか（つまり、真に純粋な贈与であるのか）、それとも虚偽であるのか（まったくの非贈与＝交換的なものであるのか）、最終的に決定することのありえない、不可能なものであるという面を持っている。ある意味で、そういう決定不可能性につきまとわれている（この点は、あとでも考えたい）。

ただ、ここでひとつ言えることがある。それは、こうした不可能なものにまともに関わり、向き合うこと、そしてそれに突き当たって、一瞬、動きを中断されること、疑問符を付けられ、問い直されること。それこそが、逆説的に聞こえるかもしれないにせよ、〈贈与的次元を持つふるまいが、ほんとうに贈与的であろうとする〉ためには重大なことである、という点である。

ひとは、いつ、贈与的次元を持つふるまいへと促されるだろうか

近代・現代の方向に眼を向けてみよう。物の移動・やり取り、つまり物の交流・交易においても、さらにまた人と人との関わり・交流においても、人々がもっぱら〈等価なものの交換〉という観念に即した関わり方に没入している時代と社会において、ひとは、どういうときに、贈与的ふるまいへと促されるのかを考えてみよう。さきほど述べたように、伝統的に見れば宗教的なものに触れる領域で、苦境にある他なる人への救援、援助、無償の贈与などが生じる。窮地にある人、災禍、戦禍に苦しむ人、不運な、不幸な人たちに、無償で恵みを与え、自分の富や財（の貴重な一部）を贈る、という贈与的な行為へと促されることは、むろんありうる。甚大な自然災害の被害者を目の当たりにすると、私たちはごく自然に救援活動をしたり、義捐金を送ったりする。つまり、きわめて自然に贈与的次元を持つふるまいへと促される。こういうふるまいもまた、自己（の大切な一部）を犠牲にして行われる贈与的ふるまいであって、必ずしも軽いふるまいとは限らない。ただし、もっと徹底的に推し進めて、真の意味で贈与的であろうとするならば、超えることの難しいアポリアにとらわれて難渋しなければならない局面に出会うだろう、ということに変わりはない。

そして、ここで考えてみたいのは、そうした救援、援助、無償の贈与などと無関係ではないが、もっと見えにくい、もっと奥に深く潜んでいる贈与的ふるまいである。思いがけないことかもしれないが、ひとが贈与的次元を持つふるまいへと促されるのは、なによりもまず——日常的に生きている経験である——〈他なるもの＝他者との関係〉という経験においてだろう。つまり、基本的に言うと、

ひとりの人間が他のひとりの人間と真剣に、切実に向かい合う関係、絶対的な対‐面の関係においてだろう。そして、とりわけ〈他なる人を迎え入れること〉において、である。

というのも、そういう他者との関係――向かい合う関係――のなかで、私は、他者（としての他者）は私の主体的能力を超えている何か、私がそこに達しようとしてもどうしても到達できない何かを秘めていること――私が主導権《イニシアティヴ》を持って、精力的に活動し、よく知り、認識しよう、よく理解しようとしても、その認識や理解がなんとしても届くことのありえない、不可能な何かを秘めていること――に思い至るように導かれるからである。そして、そんな他者（その他者性を保っているままの他者、他なるものとしての他なるもの）を尊重しつつ、迎え入れようとするからである。すなわち、他者が無言のうちに呼びかけているもの、要請しているものに応答して、私が自己（の貴重な部分、固有な、独特な何か）に固執するのを断念し、譲るように――ある意味で、犠牲にし、贈与するように――促されるからである。

他者（としての他者）は私にとって未知な、疎遠な、異邦的な何かを宿しているが、そういう他なるものである他者をあえて迎え入れるということ。それは、同質的なものに執着するのを断念し、進んで異質的なものに浸透されるのを受け入れることに相当する。そして、異質的なものを受容するために、私に固有な、大切なもの、特有な、貴重なものが〈変えられるのに耐える〉ことに当たる。私が愛着しているもの、すなわち私に固有な、独特なものだと思える何か、私の固有性、個性、特異な同一性をなす、このうえなく貴重な何かを諦め、断念すること――ある意味で、放棄し、贈与すること――に匹敵する。

もう少し具体的に言えば、異邦的な、未知なる他者に特有な、独特なものを迎え入れるせいで、私の〈固有性・特性〉は自己同一的なままでとどまることはできず、異なるものに変化せざるをえないが、私はそういう〈変化〉をあえて受け入れるのである。私（の固有性＝特異な同一性）は自ら変わろうとする。こういうとき、〈他者との関係〉は贈与的次元を含むふるまいに基づいている。

しかし、多くの場合、真剣で、切実な向かい合いの関係において、私は、他者（この相手）が私の主体的能力を超えている何か、私の認識と理解の能力がどうしても届くことのありえない、不可能な何かを秘匿していることに、真の意味では、突き当たることがない。私は自分の主体的な能力が主導権を持つということを信じたままであり、他者の問いかけ、異議申し立てによって、その能力が深く問い直されるまでに至ることはない。

私は、自分が他者（の密かな部分、私が近づけば近づくほど逸れてしまい、逃げ去る部分、固有な、特異な何か、すなわちこの他者を私にとって他者たらしめている何か）をよく知り、認識している、十分に理解している、と考える（そう信じる）。そうやって私は、他者（としての他者）を、〈私が認識し、理解することのできる他者〉へと還元することになる。こういうとき、他者との関係はなんら贈与的ふるまいに基づいていないだろう。

贈与のような激しい出来事は現在的なものとしてのみは生きられないので、〈初め〉から模擬的、反復的に生きられる部分が含まれている

見たとおり、贈与、サクリファイスのような出来事は、根本的に言えば、主体である私、〈明晰な

自己意識〉である私を超えている激しい出来事である。言いかえれば、特異な瞬間における――すなわち、通常の時間、時計で測られる量としての時間が破れた、裂け目の時間における――強烈な出来事である。その強烈さは、明晰な意識が判明に区切って認識し、理解することの可能な限度を超えている。それゆえ、贈与、サクリファイスのような強烈な出来事を生きる人間（主体）は、その贈与的出来事に深く没入する瞬間、贈与とは〈いま現に何であるか〉ということを、明確に区切って把握してはいない。そういう非‐知の部分が必ず潜んでいる。

　こうして、贈与のような出来事は、現在としてのみは生きられない。こんな出来事には、〈私へと真に現前するもの〉として生きられる可能性を、つねに捉え損ねつつ――つまり、そんな可能性をいつも取り逃がしつつ――経験される以外にない部分が潜んでいるのではないだろうか。

　言いかえれば、贈与、サクリファイスのような出来事を生きるとき、私はその強烈な出来事を〈真に自分が生きる経験として生き尽くし、経験し終わる〉ということがないだろう。自分は真に主導権《イニシアティヴ》を持って、その強烈な出来事を全的に生き尽くした、自分の生きる経験として完了したと言明するのは、不可能なのだ。それゆえ、こう言うこともできるだろう、すなわち、贈与のような出来事には、私が主導権を持って生きる経験として完了すること――経験し終わること――がありえない、過剰な、超過した部分、したがって、いつも事後的に再来するものとして――反復的に――生きられる部分が潜んでいるのではないだろうか、と。

　贈与、サクリファイスのような出来事は、ひとえに反復的に――すなわち、模擬する仕方＝反復する仕方で――生きられる以外ない部分を秘め、内包しているのではないか。というのも、贈与のような出来事の経験は、ちょうど死ぬことに接近していく経験と類比的であり、真実としては——真の現前性という様態においては——経験されることのありえない何かを含みつつ経験されるほかないから。そして、ちょうどその程度に応じて、贈与的出来事の経験は、模擬的＝反復的に生きられる——その意味で、虚構的に生きられる——部分を持つから。

死ぬことの経験は、死そのもの（の現前）と出会うことはできないので、〈真の死〉としては生きられない部分、すなわち〈真実としては〉経験されない部分を不可避的に内包している。まさにそのことに照応するかたちで、死ぬことの経験には、〈あたかも死にゆくかのように〉模擬的に生きられるしかない側面、初めから——根源的に——模擬性＝反復性という様式とその効力を含んだ仕方で経験されることが不可欠である側面がある。そして、そんな〈根源的な模擬性＝反復性〉の効力を含む経験を通じて初めて、その独特な真実——特異な真実味と現実性《リアリティ》——が生きられる。このことは、贈与のような出来事の経験にも言える面があるだろう。

贈与、サクリファイスのような出来事の経験は、初め（ではない初め）から模擬性＝反復性に基づくやり方で経験される以外に経験しようのない部分を含んでいるのではないか。それゆえ、必ず模擬性＝反復性の様式とその効力——たとえば、改めてもう一度、〈また新たに贈与する〉かのように、という模擬性の様式とその効力——を内包する仕方で経験される。そして、そんな〈根源的な模擬性＝反復性〉を含む経験を通じて初めて、その独特な真実が生きられる。特異な真実味と現実性《リアリティ》として生きられるだろう。

不可能なものという試練――絶えず中断され、問い直されること、そして再開始すること

したがって、贈与のような出来事には、それが真なるものなのか偽りのものなのか、原物なのか模倣なのか、という二分法的思考のレヴェル（つまり、伝統的な〈知〉による認識のレヴェル）では、どうしても決めがたい剰余が潜んでいる。贈与的な出来事には、真実のもの（真に純粋な贈与）なのか、それとも模倣（まったくの非 - 贈与＝交換的なもの）なのか、という二項対立的な区分によってはどうしても適切に区切ることのできない、一種の中間的な宙吊り状態が絶えずとどまっているのだ。

こうして、贈与的出来事には、〈真の贈与である〉とは決定できず、また、〈模倣的な贈与（贈与の模倣）である、つまり贈与という外観を取った交換である〉と決めてしまうわけにもいかない試練がつきまとうだろう。いつまでも決定不可能なものの試練のうちにとどまることになる。

このように決定しえない不可能性の試練に突き当たって、贈与的出来事は一瞬、その動きを中断され、ほとんど宙吊り状態におかれるだろう。そして、自らがほんとうに贈与なのかという問い直しを受けることになる。問い直されつつ、再び開始される。このような不可能なものの試練、中断、再開始こそが、贈与的出来事にとって最も重大な、大切なことではないだろうか。

以上、本書の論点を駆け足で提示してみたが、これからもう少し丁寧に考察していきたいと思う。

第I章

古代思想における〈正しさ〉

――〈義務・責任〉の観念の由来

由来を探ることの難しさ

正しさ＝正義の観念を考えるとき、あるいは義務、責任の観念を考えるとき、私たちはふつう自分が生きている時代と社会において現に〈正しさ〉として、また〈義務、責任〉として通用しているもの、もしくは、実践されているものを取り上げ、それに基づいて考えようとする。とりわけ、同時代の人々によって、当然のように、〈こうふるまうべきである、とみなされているもの〉、〈正しい、とされていること〉を探り、それを中心にすえて考える。だがしかし、現に実行されている義務、正しさ、世間の人々みなに〈モラルとしての価値を持つ〉と認められているふるまい方をよく探ってみると、それらは、長い歳月のあいだに生み出され、形成され、確立されてきた結果として現行のふるまい方になっている。そして、そのように結果として生じたふるまい方は、多くの場合、それが発生することを促し、生じさせた原因、すなわちその由来をなす原因とはじかにつながっていない場合が多いのである。

それゆえ、気をつけなければならないのは、現にこの時代と社会において行われているモラル的ふるまいを、その由来をなす原因からまっすぐに生じてきたもの、直線的に発展してきたものと信じてしまうことである。そう信じると、こうした直線的発展を逆向きにたどりさえすれば、そのモラル的ふるまいが発生するように促し、導いた原動力、真の原因に至ることができると思い込むようになる。こうした思い込みを避けるためには、ニーチェの考えでは、できる限り系譜学的に由来を問い、由来をなす原因からのずれや変化をよく見きわめるべきなのだ。

系譜学的に由来を探る場合にも、避けなければならないことがある。私たちがよくそうするように、まず合目的性を基本にすえて考え、物事はその目的に合わせて進歩していくとみなして考察すると、誤解に陥りやすい。さまざまな物事、事象について、その由来を考える場合、しばしばひとは、何がその目的か、その目標なのかを探し求める。さらにまた、それは何に役立つのかを考える。そして、そういう目的や有用性が見つかると、そこから逆向きに推論して、何が原動力なのか、どういう原因からそれが生じたのかを定める。すると、見方がまるで逆立ちしてしまう。そして、自分ではそれに気づかないのである。

〈将来における〉自分自身を受け合うこと

『道徳の系譜』（一八八七年）の第二論文「過ち、疚しい良心およびそれらに類似したもの」のなかで、ニーチェは、責任（応答）の観念がどのように生まれてきたのかを考察している。問題となるのは、「約束しうる動物」を育てることである。約束しうる、ということ。それは、自らを受け合うことができる、ということである。だれか他の人から、なんらかの恩＝借りを受けたことを記憶しており、必ずそれに応えよう、恩に応じて、借りを返そうとすることである。こういう応答＝責任の観念は、約束を守ること、つまり〈将来における〉自分自身を受け合うことができる、ということに結ばれているだろう。

しかし、そのためには、多くの前提となる条件がある。それはたとえば、ある程度まで、未来を、すなわち後《のち》に来るはずの時――物事がそうなるはずの将来――を予測し、それに合わせてふるまえるようになる、ということである。

ニーチェ

まず〈偶発的、偶然的なもの〉と〈必然的なもの〉を区別できるようになる必要があるだろう。さらには、原因と結果のつながり（つまり、因果律）に基づいて考えられること。遠くにあるもの——いま、此処には不在であるもの——を、まるでそれがじかに現前しているかのように把握できること。未来を予期し、予測し、ある程度まで先取りできること。そして、そうすることの目的は何なのか、何に役立つのか、それに到達するための手段は何かということを推測できること、などが求められる。

　こうして、「約束しうる動物」になるとは、〈将来としての〉自分自身を受け合える者になる、ということである。そのためには、人間が他の人にとっても自分にとっても、また自分が自分に対して抱く観念＝表象《ルプレザンタシオン》にとっても、計測しうるもの、規則的なもの、〈偶然的な部分は残っていても、とにかく〉なにかしら必然的なものになることが必要である。

　どうやって人間という動物は、計算可能なものとなり、記憶を刻まれ、約束できるようになったのか。受けた恩＝借りを覚えていて応えようとし、自分を受け合うようになり、責任を持てるようになったのか。こう問いかけることは、まず「責任＝応答ということの由来に関わる長い歴史」（Nietzsche 1979, p. 252／六九頁（第二論文第二節））を問うことである。それはまた同時に、初期の正しさ＝正義の観念がどうやって形成されてきたのかを問うことでもある。

過ち＝負い目および借り＝負債——刑罰の歴史

なにかの恩義を忘れることなく記憶し、必ず応えるべきである、とみなす思考。〈応える者としての自分〉を受け合うべきである、と考える思念。こういう応答の観念、責任の観念は、どのような由来を持つのだろうか。

まず初めに、ニーチェは、モラルの基本概念である「シュルト（Schuld）、過ち、負い目」という観念が、きわめて物質的《マテリアル》な観念である「シュルデン（Schulden）、借り、負債」から生え出てきた面を持つのではないか、と推測している。そして、こうした事情を考察し、理解するためには、たとえば刑罰が、ある種の報復として、独特な仕方で〈等価性〉の観念を発展させたのを見るのがよいということを示唆している。

刑罰の歴史を考えてみると、原初の人々は、害を与えた者を、〈その自らの行為に責任がある〉とみなし、それゆえ後悔させ、反省させ、良心を目覚めさせるために罰したわけではなかった。そういうことが可能になるためには、たとえば、それが故意なのか否か、軽率な過失なのか、たまたま偶然的に起きたのか、事態を弁別する能力はあったのか、等々を区別できるようになること、それに応じて罰の量を定めるようになることなどが前提になっている。だから害を与えた者を悔悟させようとして罰したのは、もっと後代になってからの話である。

ひとはよく「犯罪者は刑罰に値する。なぜなら彼は別の仕方でふるまうこともありえたのだから」

と言う。この理念はごく自然な、共通の、不可避の思考様式のように見える。また、この理念を前面に押し出すことによって、なぜこの地上に正義＝公正の感情、公平な裁きの感情が生まれたのかを説明しようとする人もいる。しかしこうした理念はずいぶん後の時代、人間において判断と帰納的推論が発達した後になって形成されたものである。

人間の歴史のきわめて長い期間にわたって、人々はむしろ、ちょうど今日親が子供を罰するときよくそうするように、ある被害や損害を受け、それに煽《あお》られた怒りによって罰したのである。その怒りはただちに、加害者の頭上に落ちた。けれどもやがてこういう怒りの発現は、どんな損害もなにか等価なものを見出しうるという観念によって、そしてそうやって償われうるという考えによって変化させられる。加害者になんらかの苦痛を被らせることによってでも補償される、という観念が生じて、修正されるのである。

損害と苦痛の等価性という観念。こうした観念はどこに根を持ち、生え出てきたのか。それはおそらく、貸す者と借りる者の関係からである。言いかえれば、借りを負う、貸しを持つ、売る、買う、といった活動からである。どんな社会体制や社会的な同盟・結社などよりももっと古くからあったエコノミー的な活動、およびそれに伴う心的付属物からである。ニーチェの考えでは、過ち、負い目、罪などの感情も、その源は貸し手と借り手、つまり債権者と債務者の関係に発する。

こういう債権‐債務の関係、ごく初期の契約関係が成り立つためには、「約束する」ことができなければならない。約束しうる者、恩＝借りを記憶していて応答しようとする者、自分を受け合い、責任を持とうとする者にならなければならない。それゆえ、記憶を刻み込むためには、残酷な刑罰を科すことも、近代以前には常時行われていたのである。

債務者と債権者との関係

借り手、債務者は、返すという約束に信用を起こさせるために、つまり約束の真剣さ、神聖さを保証するために、また自分の側でも、返す義務を記憶に刻印するために、貸し手との取り決め、契約として、大切な所有物を担保、抵当にすることを承認する。たとえば自分の肉体、妻、自らの自由、生命などである。ときには、古代エジプトのように、死後の安寧、幸福までも抵当に入れることがある。

とりわけ債権者は、支払いのできない債務者の身体に侮辱や責め苦を加えることができた。負債の大きさに対応しているだけの肉体の一部を切り取ることが行われた。ローマの「十二表の法」が、こういうケースに、「より多く取ろうと、より少なく切り取ろうと、それは不法なことではない」という法律を定めたのは、むしろ一つの進歩である。より自由な、より寛容な、ローマ的な法的概念の証拠である。

こうした償いの形態は、どういうロジックによっているのか。どういう仕方で、等価性が成立するのか。

引き起こされた損害を直接償う代わりに、つまり貨幣、土地、事物などによる償いの代わりに、返済、補償としての価値を持つ満足が貸し手に与えられる。無力な状態におとしめられた借り手に自分の〈力〉を行使する満足が得られる。いわば「悪をなす喜びのために悪をなす」という愉悦。暴君のようにふるまう悦楽。こういう享受の感情は、貸し手の社会的な地位、身分が低ければ低いほど、大きなものと感じられる。だれか他の人をまるで〈下位の者、劣った者〉のように扱い、軽蔑するという、興奮させる感情を味わう。あたかも〈主人の権利〉に参入するかのように感じるのである。

もし処罰を下す〈力〉が、実際には当局、公権力に委任されている時代になっていたら、貸し手は、他なる人＝借り手が酷《ひど》く扱われ、軽蔑されるのを「見る」という興奮、満足感に浸る。それゆえ、こうした償いのロジックは、残酷さへの指図、残酷さへの権利ということのうちにある。

ここにおいて、〈過ち＝負債と苦痛〉との等価性が初めて緊密に結ばれ、成り立つようになった。なぜ苦痛は、負債の支払いに代わる償いになるのか。〈苦しませる〉ことが、ある大きな快を与えたからである。害を受けた者、損害という不快を被った者は、加害者を苦しませること、そして加害者が苦しむのを見ることによって、代償を得たからである。不快を帳消しにするほどの満足感、愉悦を得たからである。

いわば、私心のない悪意、とりわけて私的利害＝関心に基づくわけではない悪意というもの。スピノザの言葉で言えば、「悪意への共感、悪意ある共感」と言ってもよいだろう。これは人間のごく普通の属性であって、良心はそれに心から〈諾《ウイ》〉と言う。

こうした残酷さは、文明が高まるにつれて、昇華され、精神化され、やや極端に言うと〈神聖〉化されてさえいる。近・現代においては、残酷さへの嗜好は、イマジネーションの語彙に翻訳されて初めて提示される。また心魂の用語に翻訳されて、耳ざわりのよい美名で呼ばれる。たとえば「悲劇への共感＝同情」というように。人間の長い歴史が教えていることによれば、残酷さなしには、祝祭はない。ミシェル・フーコー（一九二六―八四年）が『監視と処罰――監獄の誕生』（一九七五年）でみごとに分析しているように、長い間、刑罰もまた、祝祭という様相をいつも持ってきた。

正しさ＝正義の観念の最も古い形態

過ち、罪などの感情、すなわち負い目の感情、そして個々人の抱く義務の感情（負っている、という感情、借り＝恩に応えるべきである、という感情）も、その源は貸し手と借り手、債権者と債務者の関係に発する。この関係こそ、パーソン（個々の人物）のあいだの関係、その最も古く、原初的な関係である。貸しを持ったり、借りを負ったりする関係のなかで、初めてパーソンがパーソンに対面し、パーソン同士がお互いに相手を計測する。

ニーチェの考えによれば、大きな枠組みで見ると、原初の時代以来の「習俗というモラル」によって、そしてまた共同体の有する拘束力によって、個々の人間たちは少しずつ鋳型にはめられ、「一様なもの」になっていく。だが、いま見たようなパーソン同士の計測を通じて、個々人はさらにもっと算定しうるもの、規則性を持ち、必然性を持つものとなる。後《のち》に来る時をはっきりと考慮に入れ、予測し、そこを目指すようになる。借りや貸しをきちんと記憶している者、約束することができ、自分に責任を持てる者となる。将来としての自分を受け合える者、自分の言葉を保証できる者となる（ただし、こういう規則性、必然性、記憶、約束、責任、義務などは、当然ながら〈エコノミー的な時間〉の観念に強く結ばれ、ほとんどそれに内属するような責任、義務などである。この点については、また後で考えよう）。

値打ちを決めること、価値（価格）を測定すること、等価性を創り出すこと。こうした気づかいが初期の人々の思考全体を大きく占めていたので、それはほとんど〈思考する〉ことと同義だと思われるまでになる。初歩的な理性や合理性、理に適って考え、ふるまうことも、この思考様式のなかで育てられる。基本的に言えば、エコノミー的活動のなかで、最初のやり取りの感情（交流・交易の感情）が生まれ、償いや埋め合わせ、負債、返済、貸し手の権利、借り手の義務、契約などの感情や観念の萌芽が成長し、開花していくのである。

人々の観念はこうしたパースペクティヴ、つまり値打ちを決め、価値を測定し、等価性を定めるという展望に慣れ親しみ、それに適合し、順応していくので、やがて万般にわたってその観念をおし拡げる。

どんなものでもその値打ちを持っている。一切のものは支払われることができる。（Nietzsche 1979, p. 263／八四頁（第二論文第八節））

これが正しさ＝正義（justice）という観念の最も古い形態であり、きわめて素朴なモラル、その規範である。正しさ、公正、公平性、客観性、善意、他者への好意などの発端になる。この初期段階における正しさとは、同程度の〈力〉を持った人々のあいだで、互いに折り合いをつける善意である。妥協を通じて合意、了解を発見しようとする善意である。そしてもっと〈力〉の弱い人々に向かっては、この合意を強制的に受け入れさせる。

根本的に見て、エコノミー的な活動が先行しており、そういう活動に伴う「心的付属物」に基づくやり方で、責任、義務の観念、さらには正しさの観念が育ち、成長してきた。ところが古代の倫理学から近代の道徳哲学に至るまで、そのことをほとんど考慮に入れることのないままにすませてきたのである。

アリストテレスの「正義論」——適法であることと均等であること

たとえば『ニコマコス倫理学』を参照してみよう。

まず古代ギリシアで、正義、正しさという観念が、一般的に言って、法に適っていること、均等であること、等しいこと、共約しうるものであることと結ばれていたということが理解できる。

第五巻の冒頭で、アリストテレスは、正義＝正しさ（ディカイオシュネー）ならびに不正義（アディキア）を俎上に上らせつつ、両者がどんな性質の行為に関わるのか、正義とはどういう性質の「中庸」であるか、「正しい」とは何と何の「中」なのか、を考察すると言う。

正義とは、すなわち、人々をして正しいものごとを行なう性質の人間たらしめるような状態（ヘクシス）、つまり人々をして正しきを行わしめ、正しきを願望せしめるような状態の謂いである。不正義の場合もこれと同様に、それは、人々をして不正を働かしめ、不正なものごとを願望せしめるような状態を意味する。（アリストテレス　一九七一—七三、(上)一六九頁）

アリストテレス

注意すべきは、「正しい（ディカイオン）」も「不正な（アディコン）」も多義的だという点である。その意味あいが近似的であるため、異義を示す面に気づくのが難しいだけなのである。「不正な人」とみなされるのは、一方では違法な人（パラノモス）であり、他方では過多を貪《むさぼ》る傾向のある不均等な人（アニソス）である。したがって、「正しい人」とはまず適法な仕方でふるまう人（ノミモス）であり、そして均等を旨とする人（イソス）である。

〈正しい〉とはそれゆえ適法であることと均等的であることの両義を含み、〈不正〉は違法なふるまいをすることと不均等であることの両義を含む。アリストテレスは、〈適法である〉ということの意味あいを、当時の通念に沿いながら、いくつか挙げている。

法が規定するところに適う行為が適法的なわけであるが、人々はそれらの行為をすべて「正しい」行為と称している。ところで、法が万般のことを制定しているのは、万人に共通の功益を目指してのことである。あるいは徳（アレテー）に則して、である。またなんらかの仕方で指導的な立場にある人々に共通な功益を目指して、である。だから「正しい」行為と呼ばれるものは、一つの意味においては、〈国《ポリス》という共同体〉（ポリティケー・コイノーニア）にとっての幸いである行為を、もしくはその諸条件を創出し、守護すべき行為のことを指している。

さらに法は、勇敢な人に属する行為（たとえば軍隊において、隊伍を離脱しないこと）、節制する人に属する行為（姦淫、驕慢を避けること）、穏和な人に属する行為（他人に暴行、罵倒しないこと）なども命じている。同様に、その他のあらゆる徳と不徳にわたって、あるいは行為をせよと命じ、あるいはそれを禁じている。それらの法に適う行為が、正しい行為とされる。アリストテレスは、法は「徳に則して規定している」という見方をしている。すなわち成文法である書き記された法律は、いわば慣習法のようにみなされる道徳《モラル》に則して万般を規定しているという見解を取っている。それゆえ彼は、法に適っているという意味での正義は、完全な徳（テレイア・アレテー）にほかならない、と言う。しかし正義と徳はむろん無条件的に同じものなのではなく、正義は「対他的な関係」における徳だと言われる。

正義は、対他的な関係における徳である、とアリストテレスは強調するが、それが困難なことであることも認めている。

> 事実、自分かぎりのことがらにあっては徳の働きを発揮することができても、対他的なことがらにあってはそれのできない人々が多いのである。（同書、一七三頁）
>
> 最も悪しき人は、自己に対しても親しき人々に対してもその非徳を働かせるところの人であるのに対して、最も良き人とは、その徳を自己に対して働かせる人ではなく、他に対して働かせるところの人なのである。まことに、これは困難な仕事であるが。（同書、一七四頁）

まとめると、法に適っている行為としての正義は、ほぼ「徳、卓越性（アレテー）」全般と同じである。ただ両者は同じものであっても、その在りよう（エイナイ）が異なっている。「他人への関連において見られるかぎり、それは正義であるし、こうした関連を離れて、純粋にかかる状態（ヘクシス）として見られるかぎり徳なのである」（同頁）。

均等性と等価性

そう述べた後で、アリストテレスは、「ここでわれわれの考究するのは」、適法的であるという意味での正義ではなく、とくに「均等的な」という意味、均等を旨とする徳性という意味での正義である、と言う。

均等的な正義のまず初めは、配分における正しさである。この正義は、名誉、財産、貨幣など公民のあいだに分かたれるものの配分に関わる。

もし当事者が均等な人々でないならば、彼らは均等なものを取得すべきではない〔…〕。

配分における正しい分け前は、なんらかの意味における価値（アクシア）に相応のものでなくてはならない〔…〕。（アリストテレス 一九七一―七三、(上)一七九頁）

この場合、正しさとは、比例的（アナロゴン）であることとの一種である。幾何学的な比例にならって均等であること。それが正義として求められる。

多く働いた者Aに、少なくしか働かなかったBよりも、比例的に多くを与えるべきである。A：B＝C：Dというように。もしAがBと同じだけしか与えられないとすれば、どうか。Aは、過少の善しか与えられず、Bは過大な善を受けている、ということになる。Aは損失を被っている、Bは不当な利得を得ている、とも言える。それゆえ正義は、その〈中〉をもたらすことである。均等性、等価性を回復することである。

注目すべきことに、「損失ならびに利得という名称は、随意的な交易に由来する」（同書、一八四頁）と、アリストテレスは書いている。つまりエコノミー的な活動をモデルにして考えていることが見え隠れしている。

均等を旨とする正義のもう一つは、「人間のあいだの交渉において矯正の役目を果たす正しさ」である。アリストテレスは、人間のあいだの交渉を二つに分類する。まず随意的な交渉である。それは、売る、買う、貸す、借りる、質入れする、寄託する、雇用する、といった関係である。他方、不随意的な交渉としては、窃盗、誘拐、偽証のように秘密のうちに行われる性質のもの、また侮辱、監禁、強盗、虐待、殺人など露骨に暴力的な性質のものがある。

たとえば随意的な交渉である取引において、売り手Bが買い手Aに過度に高く売ったとすれば、Bは過大な利得を手にし、Aは過少の利得（すなわち損失）を受けたことになる。不正、不均等が行われたことになる。それゆえ正しさとは、利得と損失の〈中〉をもたらすやり方によって均等性を回復することでなければならない。不均等を矯正しなければならないのである。窃盗、誘拐、偽証、監禁、強盗、虐待、殺人のように、Bが自分の利益のためにAに損害を与えた場合も、以上のことと類推的に考えられる。Bは自分にとっての善の過多、悪の過少を、すなわち一種の利得を手にしたのだから、そしてAは損失を、つまり悪の過多、善の過少を身に受けたのだから、「裁判官は、一方から利得を奪うことによって、罰という損失でもって、その均等化を試みるのである」（同書、一八二頁）。

均等とは、ここでは、算術的比例に即しての、過多と過少との〈中〉にほかならない。正しい〔dikaion〕という名称の由来も、ここにある。それは、切半的〔dichaion〕とでもいうほどの意味――切半されるのだから――であり、裁判官〔dikastēs〕とは、すなわち切半者〔dichastēs〕を意味している。（同書、一八三―一八四頁）

こうした考察の場合も、アリストテレスは、エコノミー的活動から発して類比《アナロジー》的な仕方で考えている面が多くあると言えるだろう。

共約可能性の関係と貨幣

次にアリストテレスは、交易＝取引における正義を論じ、また貨幣（ノミスマ）の役割を考察していく。アリストテレスはまずヘシオドスの残した小さな断簡を引用する。

　　なしたところをなされてこそ
　　曲がりのない
　　正義の裁き（ディケー）というもの（ヘシオドスの遺した断片。アリストテレス 一九七一―七三、(上)
　　一八五頁）

そして、こんなふうに単純な応報性を説く世間の言い方は、もっと複雑な事情を一面化するおそれがある、と注意を喚起する。というのも害、損失を与えた者がどんな身分、社会的地位なのかによって、また加害行為が意図的か否かによって、それに対する償い、懲罰は異なるからである。ただ、このように細部を考慮する必要を主張しつつも、アリストテレスの見方では、正義＝正しさは基本的に〈比例に基づいた応報性〉に結ばれている。

　彼の考えによれば、国家のような共同体（ポリティケー・コイノーニア）が維持されていくためには、お互いのあいだで「比例的な仕方で応報の行われること」が求められる。国家とはむろん、アテネのようなポリス（市邦、都市国家）のことである。国家共同体がうまく機能するには、取引、交易＝商業における正義＝公正というものが基本になければならない。少し後で彼は、「交易あって、共同関係はある」とも言っている。

　アリストテレスが「交易のような共同関係」ということで念頭に浮かべているのは、一種の相互給付の共同性であろう。各人は、自分が作ったものを基にして、自分が必要なものを求めてお互いに給付し合うが、そのときには「比例的均等性がなくてはならない」とされる。たとえば農夫Aが食料Cを産出し、靴工Bが靴Dを生産する。AはBにCを給付し、BはAにDを給付する。その場合、両者の産物のあいだには比例に即した均等がなければならない。そのうえで、取引における応報が成り立つだろう。両者の産物は、いわば「均等化される」必要がある。

そこでアリストテレスは、貨幣（ノミスマ）のことを議論に導入する。交易される事物たちはすべて、なんらかの仕方で比較可能になり、交換可能になる必要がある。今日の用語で言えば、共約可能性が認められ、等価性が成立することが求められている。

こうした目的のために貨幣は発生したのであって、それは、ある意味においての仲介者（メソン＝中間者）となる。事実、貨幣は、あらゆるものを、したがって超過や不足をも計量する。（同書、一八七頁）

だから貨幣は、何足の靴が一袋の穀物に等しいかを計量するのである。「でなければ、交易も共同関係もありえないであろう」。

さらにアリストテレスは、貨幣が需要を代弁する位置に立っている、と言う。「もし必要が少しも存在しないか、ないしは双方に同じような仕方においては存在しないならば、交易は成立せず、ないしは現在のような仕方での交易は成立しえないであろう」（同書、一八八頁）。しかし、貨幣は潜在的な需要を代行し、需要が顕在化するまでの時間をカヴァーできるのである。

申し合わせに基づいて、貨幣が需要をいわば代弁する位置に立っている。さればこそまたノミスマという呼称をそれは有しているのである。それは本性＝自然（フュシス）的ではなくして人為（ノモス）的であり、すなわち、これを変更することや、これを役に立たないものにすることは、われわれの自由なのだからである。（同頁）

彼の推論では、貨幣は、たとえわれわれがいまのところなにも必要としなくても、もしなにかの必要が生じたときにはそれが手に入るという「未来の交易のための、いわば保証として役立つ」。

あらゆるものに価格を付しておくことの必要なのは、そのゆえである。すなわち、そうすれば、交易は常に可能となるのであり、しかるに交易あって共同関係はあるのである。かくして、貨幣はいわば尺度として、すべてを共約的とすることによって、均等化する。事実、交易なくしては共同関係はないのであるが、交易は均等性なしには成立せず、均等性は共約性なしには存在しない。（同書、一八九頁）

こう述べたあと、アリストテレスはもう一度、次のように繰り返す。

著しい差異のある、いろいろのものが共約的となるということは、ほんとうは不可能なのであるが、需要ということへの関係から十分に可能となる。その際、すなわち、なんらか単一なものの存在することを要するのであって、このものは取り決め＝協定（ヒュポテシス）に基づく。ノミスマという名称のある所以である。このものがすなわちすべてを共約的たらしめる。あらゆるものが貨幣によって計量されるのである。（同頁）

アリストテレスは、貨幣という仲介者、あらゆるものを共約可能にし、等価性を設定するものは、フュシス（自然、本性）的ではなく、ノモス（人為、協定＝取り決められた規範）的だと言っている。そして、「これを変更することや、これを役に立たないものにすることは、われわれの自由なのだからである」と言う。その意味は、たとえばフランを使うのをやめて、ユーロを使うようにすることができる、これまで貨幣価値をもっていたフランを無価値にすることもできるという意味であろう。「われわれの自由である」と言っても、貨幣的なものを廃止することも可能だと言っているわけではない。

アリストテレスは、一方で、貨幣がノモス的であることに気づいてはいるが、他方で、貨幣のおかげでもたらされる共約可能性、均等性、等価性はいわば第二の自然のように必然的になっており、それなしにはなにも考えられないほどになっていることを暗黙のうちに認めている。ほとんど貨幣がいつも、そしてもう既に存在するものと前提にして考えているように思える。

こういう具合に、取引、交易における正しさ、均等性、共約可能性を論じたあとで、この章は次のように締め括られる。

かくして不正とはなにであり、正とはなにであるかは述べられた。〔…〕不正を働くというのは善の過多を、不正を働かれるというのは善の過少を得ることだからである。〔…〕正義が中庸であるのは、それが〈中〉にかかわるものなるがゆえなのであり、不正義は両極いずれにもかかわっている。（同書、一九〇頁）

さらに、「比例に即した均等的なものを配分する」こと、比例的な応報性に基づくことが、正しきを行うことになる、と再度繰り返して、論述は終えられる。

義務、正義＝正しさの観念とエコノミー的活動

順序から見れば、まず配分における正しさを論じ、次に人間のあいだの交渉において矯正の役目を果たす正しさを語る。そして、交易＝取引における正義を俎上にのせ、また貨幣（ノミスマ）の役割を考察している。

一見すると、正義の観念、〈正しさ＝公正〉の観念をよりよく説明するために、交易、貨幣を論じるに至ったとも思える。アリストテレス自身も、そう思っていただろう。しかし実は、思考の組み立ては逆かもしれない。交易＝取引における正義＝公正という観念を基にすることで、配分における正しさや、人間のあいだの交渉において矯正の役目を果たす正しさを考えているのではないだろうか。

アリストテレスは「交易なくして共同関係はない」と言う。この見方は、ニーチェの考え、つまり

貸しを持つ、借りを負うという行為、売るとか買うという行為、エコノミー的な行為や活動は、そしてそれに伴う心的付属物は、どんな社会体制や社会的同盟、結社などよりも古くからあるという考えに近いところがある。しかし、アリストテレスには、そのせいで、人々が抱いてきたモラル観、義務や責任＝応答の観念、正義の観念が、どれほどエコノミー的なものに影響を受けているのかを考えようとする発想はない。

見てきたとおり、アリストテレス自身の思考も、利得、損失など「交易に由来する名称」に、当然のように基づいており、エコノミー的活動とその心的付属物から出発して、正義＝正しさの観念を考えている。それゆえに正しさということを、比例に基づいた均等性、釣り合いの回復、利得〈善の過多＝悪の過少〉および損失〈善の過少＝悪の過多〉を矯正し、その中庸をもたらすこと、比例的に過不足のない応報性、等価なものの交換という概念によって定義していくのである。

たしかにアリストテレスは、適法的であるという意味での正義と、均等的であるという意味での正義とを分けて、議論を進めている。そして、見たように、〈法に適っている〉という意味での正義は、そもそも法は徳に則す仕方で規定されているのだから、基本的に言えば〈徳あること〉とほぼ同じであり、とくに〈自己に即して徳あることであるよりも〉「他に対して徳を働かせる」ことだとされた。

ところで、多くの箇所でアリストテレスは、徳あることを、両極端を避けること、過多と過少を排し、中庸において行為すること、それを選ぶ心の状態（ヘクシス）をもたらすことだと主張している。つまり、均等を旨とする徳性という意味での正義と同じように、善の過多＝悪の過少（すなわち利得）および善の過少＝悪の過多（すなわち損失）を避け、もしそれがあるなら、それを矯正し、その中庸においてふるまうこと、そうしようとする心の状態を保つことが、徳あること、道徳的であること、そして、適法という意味で〈正しい〉ことなのである。

このようにアリストテレスが論述する正義＝正しさの観念は、とりあえず適法的な正義と均等的な正義に分けられるにせよ、根本から見れば、不均等を避け、それを矯正し、釣り合いを回復することである。こういう正義＝正しさの観念の基盤をなしているのは、見たとおり、あらゆるものは値打ちを持っており、等価性を定められる、等価なものによって支払われる、という信念ではないだろうか。

こうした由来を持つ正義＝正しさの観念、さらには義務、責任＝応答の観念は、基本的に言って〈戻す義務〉、借り、負債＝恩を返す義務、元に戻し、復原する義務という性格を刻まれているだろう。

第Ⅱ章

初期キリスト教における〈正しさ〉

――その贈与性、ニーチェによる評価と批判

1　神との内的関係を重く見ること

律法学者・パリサイ人の説く倫理への異議提起

古代世界において、初期キリスト教思想は、それまでの義務観や正義観とは異なる、ある独特な義務の観念、正義＝正しさの観念をもたらしたと思える。

初期キリスト教は、広い意味あいでローマ帝国の統治・支配下にあった古代ユダヤ社会を律していた倫理への批判として形成された面を持つ。

初期キリスト教は、現実の世界を形成している秩序、つまり政治的・社会的な秩序は動かしがたい、変えようがない、と思っていただろう。その当時、むろん近代的な革命思想などは存在しようがなかったし、イエスの言葉、教えはもっぱら苦悩する人々の精神的な救済へと向いている。

しかし、他方で、初期キリスト教は、現実世界では支配され、蔑《さげす》まれ、疎《うと》まれていても、心魂の領界まで支配されることはない、自分たちの心の世界、精神の自由の部分は自分たちで統治することができる、と信じていただろう。

そうした事情をよく示すイエスの言葉のひとつが、「皇帝《カエサル》のものは皇帝《カエサル》に、神のものは神に返しなさい」（「マタイによる福音書」二二・二一―二二）である。

ユダヤ教の倫理は、いわゆる〈律法〉として定着し、長年のあいだに広く社会化され、いわば社会的倫理規範のようになっていた。つまり、社会道徳と化した倫理として、民衆たちの現実生活を律していた。だが、その代わり、内的、精神的な倫理、神と人間の内的関係は薄れ、俗化していたと言える。イエスの言葉はその点を批判する。

イエスがその家で食事をしていたとき、取税人や罪人《つみびと》も大勢やってきて、イエスや弟子たちと同席していた。するとパリサイ派の人々が見て、弟子たちに言った。「なぜあなたたちの先生は、取税人や罪人といっしょに食事をするのか」。イエスはこれを聞いて言われた。「医者を必要とするのは健康な者ではなく病人である。『私が求めるのは憐れみであって、犠牲ではない』とはどういう意味か、行って学びなさい。私が来たのは、正しい人を招くためではなく、罪人を招くためである」。（同書、九・一〇―一三）

イエスが旅に出ようとされると、ひとりの人が駆けてきて、ひざまずいて尋ねた、「善い先生、永遠の命を継ぐには、なにをすべきですか」と。イエスは言われた、「なぜ私のことを「善い」と言うのか。神おひとりのほかに、善い方はない。あなたは戒律を知っているはず。いわく、「殺すな、姦淫するな、盗むな、偽証するな、奪い取るな、父と母とを敬え」と」。その人は言った、「先生、それならみな若いときから守っています」と。イエスは彼をじっと見て、愛着を感じて言われた、「ひとつあなたに欠けている。行って財産をみな売って貧しい人々に与えよ。そうすれば天に財宝を得よう。それから来て私につきなさい」。彼はこの言葉に顔を曇ら

せ、悲しんで立ち去った。たくさんの財産を持っていたからである。(「マルコによる福音書」一〇・一七―二二)

後者の逸話において、イエスもまず、戒律を守るように、と言う。しかし文脈から見れば、福音書の筆者の言わんとすることは、別のところにあるだろう。戒律を守ることは、たしかに〈法に適うこと、適法的で、合法的なことであって、その意味で正しい、義なることであり、善いことでもある、と言っていい。だが、それは、現実社会のなかで、その確立している秩序の枠組みにおいて、人々みながそうする習慣があり、そんな通念を持っていることに従うことである。言いかえれば、それは、すでに確定した社会倫理の範囲内で、義務とされていること、〈そうすべきである〉と定まっていること、〈正しい、とされていること〉をそのまま守ることである。カントの言い回しを借りれば、そういう義務を果たすことは、善意や誠意が伴わなくても、すなわち〈それ自体において善い意志〉が欠けていたとしても、十分可能なのである(カント 一九七六、第一章冒頭を参照されたい)。

それに対し、イエスは、この「多くの財産を持っている者」に向かって、財産をみな売って貧しい人々に与えよ、そうすれば天に財宝を積むことができるし、私の教えを理解することもできる、と言う。こうした言葉は極端であり、この「財産家」である善意の人を拒んでいるようにも聞こえる。だが、こういうイエスの言葉は、地上的な財を失うことなしに精神的財を得ることはできない、という喩《たと》えとして取れる。さらに言えば、戒律を守るという義務を果たすだけでは永遠の命を継ぐことはできない、天の財宝に近づくためには、現世における富の偏り、不公平=不正をならす(矯正する)という務めをも考慮に入れなければならない、という暗示とも取れる。

戒律を守ること、律法を遵守することは、カントの言い回しを用いるならば、「義務に従って、義務に適合して」行為することである。しかし、その行為は、ほんとうに倫理的な行為だろうか。モラルとしての価値を持っているだろうか。真に「義務そのものを目指している」だろうか。初期キリスト教の主張に即して言えば、律法を遵守すること、「義務に従って」行為することは、はたして神との内的関係において義なることだろうか。『新約聖書』の筆者・編者たちは、イエスの口を通して、そう問いかけている。

律法の行いによってではなく、信仰によって義とされること

パウロは、「ローマの信徒への手紙」のなかで、戒律を守り、義務に従って行為することでは「神の前で義である」とは言えないこと、真に正しく、義であるのは、神との内的関係において義とされることだと説く。

なぜなら、律法を実行することによっては、だれ一人神の前で義とされないからです。律法によっては、罪の自覚しか生じないのです。ところが今や、律法とは関係なく、しかも律法と預言者によって立証されて、神の義が示されました。すなわち、イエス・キリストを信じることにより、信じる者すべてに与えられる神の義です。そこには何の差別もありません。人はみな、罪を犯して神の栄光を受けられなくなっていますが、ただキリスト・イエスによる贖《あがな》いの業《わざ》を通して、神の恵みにより無償で義とされるのです。神はこのキリストを立て、その血によって信じる者のために罪を償う供え物となさいました。それは、今まで人が犯した罪を見逃して、神の義をお示しになるためです。このように神は忍耐してこられたが、今この時に義を示されたのは、御自分が正しい方であることを明らかにし、イエスを信じる者を義となさるためです。

では、人の誇りはどこにあるのか。それは取り除かれました。どんな法則によってか。行いの法則によるのか。そうではない。信仰の法則によってです。なぜなら、私たちは、人が義とされるのは律法の行いによるのではなく、信仰によると考えるからです。(「ローマの信徒への手紙」三・二〇―二八)

パウロは、「律法を実行することによっては、だれ一人神の前で義とされない」こと、「律法によっては、罪の自覚しか生じない」ことを指摘しつつ、「今や、律法とは関係なく、〔…〕神の義が示された」と言う。「ところが今や、律法とは関係なく、しかも律法と預言者によって立証されて、神の義が示されました。すなわち、イエス・キリストを信じることにより、信じる者すべてに与えられる神の義です。そこには何の差別もありません」。

この「今や」というのは、イエスの受難《パッション》のことを指している。イエスが無辜《むこ》なまま十字架に架けられて血を流し、死んだことであり、三日後に復活したことである。パウロによれば、神は、自らの息子であるイエスを、人々みなのために「犠牲」に捧げてくれた。「神はこのキリストを立て、その血によって信じる者のために罪を償う供え物となさいました」。パウロの考えでは、人々はみな、「罪を犯して神の栄光を受けられなくなって」いるのであるが、しかし、「ただキリスト・イエスによる贖いの業を通して、神の恵みにより無償で義とされるのです」。

つまり、こういう「神の恵み」によって、言いかえればイエスの広大無辺な愛による自己犠牲《サクリファイス》のおかげで、人々の罪や穢れは「見逃され」、いわば無償で赦され、救われるのであり、そして、そんなイエスの犠牲死と復活を信じることによって、人々は「義とされる」のである。パウロは、「人が義とされるのは律法の行いによるのではなく、信仰による」のだ、と主張している。

次に、私たちは、初期キリスト教が「神との内的関係において——信仰によって——義とされること」を最も重く見たということ、神の子イエスの大きな愛による自己犠牲を信じることで、信じる者すべてが赦され、神の義を与えられたということの意義を評価し、またその限界も検討するが、その前に、初期キリスト教の発想の本質を最もよく取り込み、プラトン・アリストテレス以来の思想を織り交ぜながらそれを豊かに発展させ、思想・哲学的にみごとに展開したカントの実践哲学を検討しておきたい。

2　カントの実践哲学

モラル的な価値を持つふるまいと善意志

カントは、深い意味で倫理的に行為すること、真にモラル的な価値を持ってふるまうことを、どう

カント

考えているだろうか。要点のみを概観してみよう。『人倫の形而上学の基礎づけ』（一七八五年）のなかで、カントは、この世界で、あるいは世界の外でも、ひとが制限づけなしに善いとみなしうるのは、善意＝誠意、すなわち〈善意志〉だけである、と言う。もちろん他にも美質、資質はある。いわば自然の賜り物である知性、繊細さ、勇気、決断力、忍耐力、等々。たまたま運命によって手にした健康、強靱な肉体、富、高い位、権力、名誉なども善いものとされるかもしれない。しかしこれらすべては善意志を前提にして初めて〈善い〉のであり、それによって規定されない限り、逆のものに変わることがある。

善意志はなにからその善さを引き出すのか。ただそれ自身からのみ、その意志からのみである。その結果、効果からではない。しかじかの目標からでも、提起された目的に到達する適性からでもない。いまその善意志によって実現されるものが善いものだったとしよう。だが、善意志はそれ自身において、実現した結果よりもはるかに高いものと評価される。いま善意志がなにも手段を持たず、その全部の努力がなににも至らないとしよう。それでも善意志はそれ自身の輝きによって光を放つ。自分自身からしか価値を引き出さない。それ自体において善い意志。その目的とも、後になって生じる成果とも無関係に、独立して善い意志。人々が人間の行動のモラル的価値を評価するときには、こういうコンセプトを考えに入れている。モラル性を考えるときには、この条件に関係づけている。だからモラルの問題を深めるために展開すべきなのは、このコンセプトである。

義務の概念には、こういう〈それ自体において善い意志〉が必ず含まれているはずである。

カントは例として、自分の生命を保つ義務のことを語っている。自らの命を保持するというのは、義務でもあるが、各人がじかに性向としてそうすることでもある。どんな人間でも、自分の生命を維持し、保つように配慮している。だがそれは、内発的な価値は持っていない。彼らの行為の指針やその規則は、モラル的な性格を刻まれない。おそらく彼らは〈義務に従って〉自分の命を保持しているが、しかし〈義務から発して〉ではない。純粋な義務から発して、とは言えないのである。

それに対し、いまある人間、大きな不幸によって生への興味も関心も根こそぎに奪われた人間がいるとしよう。彼はしかし打ちひしがれず、意気阻喪もせず、自らの運命にむしろ刺激され、力をかき立てられて、進んで自分の生命を保持する。生命を愛するからではなく、死を恐れるからでもなく、もっぱら義務から発して――純粋な義務として――生命を保持する。そう意志することが、それ自体において善い意志であり、誠意であるから、そう決定する。このとき彼の行為の指針や規則は、モラル的性格をおびている。

カントの言い方は、きわめて厳密、そして厳格である。

義務に従って（義務に適合して、義務に順応して）行為するのでは、モラルとしての価値を持たない。義務から発して（純粋な義務から発して）行為することこそが、モラル的価値を持つのである。

義務に従って行為すること、義務から発して行為すること

私があるふるまい、行為をするように意志を規定し、その行為が義務に、すなわち〈こうすべきである〉とみなされていることに、よく適合しているとしよう。もし私がそう意志し、行為することが、自分の利益にかなうから、有利になるからそうするのだとすれば、それはモラル的性格を持たない。またそう意志を規定し、行為することが、自分の性向に合っているから、そうしたい傾向があるからそう行為するという場合でも、モラル的性格を持たない。人間の本性上、そうする傾きがあり、それが義務に適合していればよい、とは言えない。なぜなら、それだけでは別の性向（たとえば野心、名誉欲など）と共存していることがあるし、状況次第でいつでも他の性向に取って代わられることもありうるから。

カントはこの区別、〈義務に従って、義務に適合して〉と〈義務から発して、純粋な義務から発して〉の区別を、厳密に維持しようとする。『実践理性批判』（一七八八年）の要所要所で、繰り返し述べている。純粋な義務によってなされた行為は、そのモラル的価値をどこから引き出すのだろうか。その行為が到達すべき目的からではない。そうではなく、そう行為するように導く指針から引き出す。だからこの価値は、行為の対象がどんな現実であるかには依存しない。つまりその行為のモラル的価値は、まさにそう行為しようと〈意志が自らを規定する原理〉に由来している。

私たちは行為しようと意志するとき、自分で自らに目標、目的を提起するし、その行為の結果がこうなるだろうと予測する。こうした意志の目的も、また意志の動機とみなされる結果も、この行為に一つの絶対的価値、モラルとしての価値を付与することはできない。モラル的価値は、そう行為しよ

うと自ら規定する意志の原理のうちにしかない。期待している結果――その行為によって獲得されるはずの成果――とはまったく独立して考えられた意志の原理にしか依拠しない。

ひとがある行為を〈そうすべきである〉と意志規定して行うとき、そのモラル的価値は〈そうしよう〉と促し、規定する格律《マクシム》にのみ由来する。格律というのは、行為する主体が、そういう意志規定の条件を「ただ自分の意志にとってのみ妥当する」とみなすことである。いわば主観的な原理だと言える。それに対し、もし主体がその意志規定の条件を「どんな存在であれ、理性ある存在であれば、妥当する」とみなしうるならば、それは法となる。客観的な原理であり、普遍的な法則になる。それゆえ各人は、次のようにふるまわなければならない。

私は自分の格律が一つの普遍的法則となるように欲することの可能なやり方で、つねに行為すべきである。（Kant 1985, pp. 37-38／四七―四八頁）

自分の抱いた格律がすぐに〈それとして〉モラル的性格を持っていると信じるのか、それともその格律が普遍的な法則となるように意志するのか。前者は自分に満足して、とどまることができる。後者は自分に満足できず、問い続けるよう求められる。

自分の抱いた格律が普遍的な法則へと立てられることを欲するように行為すること

たとえば次のような状況において、どう行為するように意志を定めればよいだろうか――いま私がきわめて困難な事態、窮地に陥っているとする。私はそれを抜け出すために他の手段がなにもないので、守るつもりのない約束をすることができるのか。

カントの考えでは、この問いには二つの意味が区別される。一方は、「偽りの約束をするのは、慎重なことだろうか」、他方は、「偽りの約束をするのは、正当なことだろうか」である。たしかにある危うい状況では、偽りの約束をすることが慎重な、用心深いことでありうる。しかし、こういう考えが浮かぶ。そんな巧みな策略のおかげで私が当座の窮地をしのいだとすれば、それはいちおうよかったとしても、そのせいで私は現今の困難よりももっと大きな窮地にさらされることになるかもしれない。私が他者の信頼をひとたび失うことは、いま逃れようとしている悪よりももっと大きなダメージを私に与えることがありうる。だから、より慎重にふるまうやり方は、約束を守る意図があるときにのみ約束するという指針を一般的に立てること、それを習慣にすることだろう。

こういう格律はモラル的性格を持っているだろうか。この格律による行動の指針は、もっぱら結果へのおそれに基づいて立てられている。このように遺憾な結果が生じるのを怖れて誠実であることは、たしかに〈偽りの約束をするべきでないという義務〉には適合しているけれども、しかしモラルとしての価値は持っていない。純粋に〈義務から発して〉誠実であることとは、別のことである。〈偽りの約束をしない〉と意志し、行為することが、それ自体において善い意志であり、誠実であるから、そう決めることとは別なのである。後者の場合、〈こう行為するよう意志する〉ということが、既に私にとって〈普遍的に法則化する〉という観念を含んでいる。

カントの考えでは、「偽りの約束をするのは正当なことかどうか」という問いに応えるための確かなやり方は、こう自問することである。すなわち私の抱いた格律が、ある普遍的な法則へと、つまり私にとってと同様に他者たちにとっても妥当する規則＝規範へと立てられるのを、はたして満足して見ていられるのかと問うことである。さらにはまた、私は次の原理を認められるのか、各人は窮地に陥り、他の仕方では切り抜けられないときには、守るつもりのない約束をすることができるという原理を認めうるのか、と自らに問うことである。

するとただちに私はこう気づく。私はたしかに偽りの約束をすることを欲することはできる。しかしそれを一つの普遍的な法則にするよう欲することはできない、と。実際、もしそんな法則があるとすれば、どんな約束も本来的にはありえなくなるだろう。〈私はこうすると約束します〉と言明することは、その言明を信じていない人々に向かってしたところで、まったく虚しいだろう。

さきほど見たように、〈慎重にふるまうべきである〉という指針＝格律を抱き、そのために偽りの約束をしないようにするというのは、そしてそれゆえ〈偽りの約束をすべきでないという義務〉に適合して行為するというのは、モラル的価値を持たない。そういう場合には、〈意志する〉ことは、その意志規定による行為の対象（そういう対象の現実）に依存したり、またそう行為しようと欲する動機（予測された結果）に依存したりしている。依存した仕方で、意志は規定されている。そうではなく、モラル性を持つためには、意志は、ある行為へと導く格律が一つの普遍的法則を立てることに適うやり方で規定されなければならない。

経験（論）的なものに依存しない法則があるという意識、自由な意志

いま、ひとりの理性ある存在が、自分の行為の指針、規則を、実践に関わる一般的法則として考えねばならないとしてみよう。どう考えればよいのだろうか。

だれもが必ずそう行為するよう意志を規定する原理として考えねばならない。質料《マチエール》＝物質的なものを介して意志を規定する原理ではなく、質料＝物質的なものを括弧に入れることのできる原理として考えねばならない。もし一つの規則からすべての質料＝物質的なものを取り去ったとしたら、つまり意志が欲する対象（である具体的な物、そういう現実）を取り去ったとしたら、後に残るのはただ法則のかたち《フォルム》＝形式である。一般的な法則を立てるかたち＝形式、立法することのかたち＝形式だけが残る。それゆえ個々人の主観的な原理である格律が、一つの普遍的な立法化にふさわしいものとなるようにするかたち《フォルム》＝形式こそ、格律を法則へと高めるものである。

法則化のかたち＝形式によってのみ規定される意志は、どういう性質のものなのか。法則の単なるかたち＝形式（つまりマチエール的なものを取り去ったフォルム）は、ひとえに理性によってしか表象されない。理性のみが、このかたち《フォルム》＝形式の観念＝表象を抱くことができる。すなわち、こういうフォルムは感覚にとっての対象ではない。それゆえ現象の一部をなしてはいない。

このかたち＝形式の観念＝表象は、自然の諸々の事件や出来事を規定している原理とは異なっている。つまり因果律に応じて生じる出来事を規定しているすべての原理とは違う。というのも、これらの出来事の場合には、それが生じるように規定する原因が、それ自身現象であるから。しかし見たように、このかたち＝形式の観念、それのみが実践上、意志を規定する原理となるかたち＝形式の観念

は、現象の一部をなしていない。

だから、もしこうした普遍的な法則を立てることのかたち＝形式以外のどんな他の規定原理も、意志にとって法＝規範の役を務めることができないのだとすれば、こういう意志は自然の法則からは完全に独立している、と考えねばならない。因果性の法則、つまり諸現象が相互につながり合っている法則からは、まったく独立しているはずである。この独立が〈自由〉と呼ばれる。経験（論）的に知られるのではなく、どんな経験論的規定も免れた次元にある自由、超越論的な意味での自由である。

こうして、その人の格律の（マチエール的な部分を取り去った）単なる法則化のフォルムのみが規範の役を務めるような意志は、一つの自由な意志である。

自由ということと、実践に関わる法則、つまり経験（論）的なものに依存しない、無条件的な法則とは、一方が他方を参照し合う。では、自由がまず意識されて、それから無条件的な法則が知られるようになったのか。それとも逆なのか。

人間の実践、つまりその人の義務やモラルの観念とその実行ということにおいて、無条件的ななにかがあるという認識は、どこから生じたのか。自由ということから生じたのだろうか。それは不可能である。なぜなら私たちは自由を直接的に意識することはできないから（自由のコンセプトがまず初めに意識されるのは、自然の法則、因果律に服従しない、依存しないという仕方であり、ネガティヴな様態で意識される）。また私たちは自由が存在するということを、経験を通じて結論づけることもできない。経験がひとに認識させるのは、諸現象の法則であり、自然のメカニズムであって、自由とは反対のことである。

それゆえ、まずもたらされるのは、なにも経験（論）的なものに依存しない、無条件的な法則があるという意識である。私たちはそのことを直接的《ダイレクト》に意識する。自分自身のために、ある行為をなす意志の指針＝格律を素描しようとするやいなや、そうなる。そしてそうやってもたらされた〈モラル法則〉が私たちを真っ直ぐに自由のコンセプトへと導いていく。実際、理性は私たちに自由の概念こそ意志規定の原理である、と提示するから。そしてこういう規定の原理はどんな可感的な条件によっても支配されず、影響も受けず、それらの条件からは独立している、と告げるから。

定言的に命じる法則

カントは、実践に関わる格律《マクシム》をいろいろ検討しつつ、そうした格律が、つまり個々人がそれぞれの状況、経験に即して抱く方針、行為・ふるまい方の指針、主観的な規則が、あらゆる存在にとってあてはまり、モラルとしての価値を持つ法則の次元まで高まるのは、どういう条件においてなのかを追求した。そして、根本法則をこう提起している。

きみの意志の格律が、つねに同時に普遍的な法則化の原理として価値を持ちうるやり方で行為せよ。（Kant 1985, p. 53／七二頁）

こう命じる規範は、ひとがもっぱらある仕方で行為しなければならない、と言う。この規範は無条件的である。経験的なものに依らず、ア・プリオリに表象されている。一つの実践的な命題、〈定言的に〉実践を命じる規範として、ア・プリオリにその観念が意識されている。この命題によって意志は直接的《ダイレクト》に、絶対的に規定される。だからここでは、こういう命題＝規範は一つの〈法則〉であり、この法則によって意志は客観的に規定される。どんな存在も、理性ある存在である限り、だれもがそれに従うという意味で、客観的に規定される。

こういうとき、理性はそれ自身によって実践的である。理性は直接的に法を立てる（法則を与える）。その法は、意志を直接的に規定する。

意志は経験（論）的な諸条件からは独立している、その意味で自由である、と考えられる。だから法則の単なるかたち＝形式によって、すなわち物質的《マチエール》なものを取り去った形式《フォルム》によって規定される意志である。そしてこういう意志規定の原理が、あらゆる格律の最高の条件だとみなされている。

「理性の一事実」――ア・プリオリに総合的な命題

〈普遍的な法則を立てる〉ことが可能であるという意識。ア・プリオリに抱かれた意識。この意識はプロブレマティックである。すなわちどうしてもそう想定されるが、しかし推定的なものである。けれども、こういう意識が無条件的に〈法則〉として呼び求められている。経験にはなにも借りようとはせずに。またなんらかの外的意志にも、なにも借りようとはせずに。

この根本的法則の意識は、「理性の一事実」と呼ばれる。なぜならひとはこの意識を、理性の先行データから推論的に引き出すことができないから。たとえばまず自由の意識が先行的にあるとみなし、そこから演繹《えんえき》的に抽出することはできない。

こうした意識は、カントの考えでは、いわゆる分析的判断による命題ではない。つまり主語概念に含まれている定義を、同一律や矛盾律に基づいて展開していく判断による命題ではない。また通常の意味での総合的判断による命題でもない。経験に基づいて帰納的に推論する判断、実験や観察を積み重ねつつ、因果律に則って述定する判断による命題でもない。そうではなく、こんな〈普遍的な法則を立てる〉ことが可能であるという意識は、ア・プリオリに総合的な判断による命題である。それ自身によって私たちに強く迫り、私たちがそれを不可避的に受け入れるようななにかなのである。それはどんな直観にも、つまり純粋なものであれ経験（論）的なものであれ、いかなる直観にも基づいていない。

もしひとが意志は自由であるとあらかじめ前提にしているなら、この意識は〈分析的判断による命題〉として導かれていたかもしれない。しかしそのように自由をポジティヴな概念として前提にするためには、知性的直観というものを認めねばならないだろう。だがそれをここで認めるのは不当である。

こういう〈法則を立てる〉意識がいかにも所与のものであるかのように語ると、曖昧さ、誤解が生まれやすい。それゆえカントは、それはけっして経験（論）的な一事実ではなく、ただア・プリオリに総合的な命題として意識されるだけであり、純粋理性の一事実なのだと主張する。純粋理性はそのことによって、自らが始源的に〈法則を立てる者＝立法者〉であることを告げているのである。

自律《オートノミー》について

さきほど見たように、命法＝法則によってのみ規定される意志は自然的な因果律、因果性の法則からは独立している。その意味で自由である。が、しかしこういう自由のコンセプトはまだネガティヴである。ポジティヴな意味での自由は、理性の固有な立法ということである。つまり自らで自らに法則を与えるということ、自律《オートノミー》ということである。

　モラル性の原理は、意志が〈そのように行為する〉べく選択されるということが、もっぱら普遍的法則化の形式《フォルム》によってのみ決定される、ということのうちにある。

　もし物質的＝材料的なものが、すなわち法則化することに結びつけられた願望の対象にほかならない物質《マチエール》＝材料が、この法則を可能にする条件として法則化のうちに介入するならば、意志選択の他律《ヘテロノミー》が生じる。つまり自然的な因果性への依存とか、なんらかの性向、傾向、衝動（人間のうちの、感情とか情念に推進されるもの）への依存が起こってしまう。

　そのときカントの考えでは、意志は自分で自分に法則を与えるとは言えない。そうではなく、教え、決まり、処方などを、つまり格律にしか過ぎない規則を与えるだけである。そういう決まりは、たしかに理性を用い、合理的に考え、ある規則に従ってふるまう規範となっている。しかしそれは「パトローギッシュな」仕方、つまり感情的、情念的に動かされる仕方で触発された意志が、自らに与える規則に従うように導く処方にしか過ぎない。

　それは格律でありうるが、法則の次元まで達しない。こうした格律は自らのうちに〈普遍的な立法化の形式〉を含むことができない。だからこの格律は厳密な意味での義務（べきである）を根拠づけられない。むしろ実践理性の原理に対立し、真のモラル性に反することがある。たとえばそんな格律による意志規定、その行為は、たしかに〈法則に従って〉なされているかもしれないが、純粋に〈法則を目指して〉なされているとは言えない。合法性、適法性はあるかもしれないが、真にモラル的な性格を刻印されているとは言えない。

実際、カントの見方では、真のモラル性を持った行為は〈法則を目指してのみ〉起こるのである。前に見たところでは、人々が人間の行動のモラル的価値を評価するときには、〈それ自体において善い意志〉というコンセプトに結びつけて考えている、義務の概念には、こういう〈それ自体において善い意志〉が必ず含まれている、と言われていた。こういう誠意、善意志が必然的に、かつ当然なやり方で〈善い〉ものだと保証されるのは、ただ法則の次元で直接的《ダイレクト》に規定されることによってのみである。つまり、ある行為がモラル的価値を持つということにおいて本質的なのは、命法＝法則が直接的に意志を規定しなければならないということである。自然的因果律への依存とか、感情性、性向、衝動への依存を免れて、独立した、自由による自律が肝心なのである。普遍的な法則化の形式《フォルム》のみが意志を直接的に規定するということが、要《かなめ》になるのである。

法の精神を充たすこと

ある行為をなすように意志を規定することが、〈法則に従い、適合して〉起こるとしても、なにか感情的なもの、情念的なものに強く動かされた仕方を含んでそうなのだとすれば、どうだろうか。つまりどんな種類の感情・情緒・気分にせよ、法則が十分に意志を規定する原理となるために、それが前提とされ、なしではすまされない感情、情念に促されて、そう意志規定がなされるとすれば、どうか。

そういう行為はたしかに法に従っているのだから、合法的であり、適法性を持っている。が、しかしモラル的性格を持っていない。真のモラル性を持つ行為は、その意志規定が〈法則を目指してのみ〉起こるのでなければならない。言いかえれば、たんに「法の文字を充たす」だけでなく、「法の精神も充たす」行為でなければならない。

カントはこの「法則を目指してのみ」意志が規定されること、それが「法の精神を充たす」行為になることを、強く主張する。

たとえば「偽りの約束をすべきでない」という命法は、嘘をつくと遺憾な結果を生み出すので、それを慎重に避けるためにそう行為すべきだというのではない。他人に信用されるようになるためにそうすべきだ、というのでもない。そうではなく、ひとえにこの命法それ自身を目指して、そう行為されるのである。他になにも動機はない。この命法＝法則自身が、それのみが動機となって実践される。

世間で、伝統的、慣習的にそうすべきだと定まっているから、それを守るのではない。すなわち義務に従うのではない。そうと決まっている命法＝法則に服すのではない。そうではなく、そう行為することが、そのつど法則を目指すことだから、そうするのだ。

こういう文脈において、カントは定言的命法＝法則が私たちを、とりわけ感性的な存在者としての私たちを「へりくだらせる」こと、そして「法則への尊敬の念」を生み出すことを語っている。

ルネ・デカルト（一五九六―一六五〇年）が『情念論』（一六四九年）で指摘するように、人間は突

デカルト

如として生じる喜怒哀楽の情に動かされやすい。また感覚的なものに基づいて促される心情の作用・動きが、人間の行為、ふるまいの深い動機になっていることも多い。過度の内因性の興奮にともなう緊張を不快と感じ、そういう興奮量をすぐさま放出することによって快を得ようとする傾向、後にフロイトが「快楽原則」と呼んだ傾向が、どれほど人間にとって根深い心性であるかを、カントはよく知っていた。だからこそカントは、私たちの意志が「命法＝法則を目指してのみ」規定されるのは、命法自身が感情的性向や傾向をへりくだらせ、「法則への尊敬の念」を生み出さずにはおかないからだと考えたのである。

定言的命法＝法則は、経験（論）的なものではなく、さまざまな経験による与件に依存していない。「純粋理性の一事実」であり、「ア・プリオリに総合的な判断による命題」として私たちの意識に迫ってくる。純粋に可知的なものである。そしてこういう命法が、つまり可知性、英知性としての法則（もっと精確に言えば、普遍的に法則を立てる、という立法化のかたち＝形式）が、人間の感性的領域に作用し、影響を及ぼす。私たちの感情、気持ち《ゲフュール》に力を及ぼして、そこに、ある何かを生み出す。私たちの感情、気持ちはいつもいろいろな快の魅力に惹かれたり、耐えるべき不快を避けようとしたりして、傾向や性向に引きずられている。しかしこの命法の影響力は、そうした傾向を取り除く。法則の命じるところに反対するかもしれない性向を打ち破る。
それゆえ命法＝法則が及ぼす効果は、まずネガティヴな仕方で感受される。性向や感性的なものに基づく衝動を否定する効果として感じられる。それ自身一つの感情として、つまり不快、苦痛の感情として受け止められる。まず初めはそうである。

感性的な存在者としての人間は、いつもさまざまなパッションに動かされ、欲求や願望＝欲望に依存し、性向、傾向に自らを委ねやすい。カントはそれを「自分への愛」と呼んでおり、具体的には、自惚《うぬぼ》れ、傲慢、思い上がり、利己心などとして現れる。「自分への愛」はなくてはならないものであり、そういう不可欠の面があることをカントは認めている。カントが〈パーソナルな幸福の原理〉と呼ぶものは、たしかに仮象のモラルしか打ち立てない。だが後に「最高善」について考えるとき、カントは徳あることと幸福であることの諧和《ハーモニー》を主張している。だからカントが非難するのは〈過度の自分への愛〉である。思い上がり、利己主義にほかならない過度の自分への愛は、われわれが心的に定言的命法＝法則を表象することによって疑問符を付けられ、問い直され、砕かれる。

このように「われわれの判断において、思い上がりであるなにかを打ち砕くものは、われわれをへりくだらせる」(Kant 1985, pp. 108-109／一五七頁)。〈モラル法則〉は、だれであれ、自らの性質の感性的傾向をこの法則と較べる者に恥ずかしさを抱かせ、不可避的にその人間をへりくだらせる。

それだけではない。私たちがその観念を抱くと私たちをへりくだらせるものは、私たちの「尊敬の念」を刺激する。定言的な命法、すなわち普遍的に法則を立てるかたち《フォルム》として私たちの意志の規定原理になるものは、単にネガティヴな効果を及ぼすだけではなく、ポジティヴななにかでもある。それは私たちの尊敬の対象となる。

主体が〈モラル法則〉の観念を表象し、それと、自らの傲慢、利己心、過度の自己愛を較べると、必然的に後者は恥じ入り、打ち砕かれる。このように法則が感性的性向による抵抗をしりぞけるに応じて、法則が命じるところに反する障害は取り除かれる。この事実が、理性の判断からすれば、意志を、自然の法則や因果律への依存から解き放ち、より自由にすること、そして、自由による自己原因性（自らが自ら自身の原因となる因果性）を積極的に助長することに等しい、とみなされる。それゆえへりくだりの感情、すなわちある意味で不快であり、苦痛な感情が、それと同時に〈法則への尊敬の念〉に、すなわちモラル的な感情になる。

こういう〈モラル法則への尊敬の念〉は、ある種の感情ではあっても、可知性＝英知性の原因（感性的なものではない原因）によって生み出された感情であり、私たちがア・プリオリに認識する唯一の感情、その必然性に気づくことのできる唯一の感情なのである。

カントは、こういう尊敬の念は、最初は思い上がりを砕かれる不快であっても、法則の意識（法則を表象する意識）の結果として生み出されるもの、つまり純粋に可知性、英知性の原因によるものであり、経験（論）的に知られるのではなく、ア・プリオリに認識されると主張する。だからこうした起源・由来に応じて、尊敬の念はけっして「パトローギッシュな仕方で触発された」ものではない。ただ「実践的に生じた効果＝結果」とのみ呼ばれねばならない。

触れたように、カントは〈義務に従って、義務に適合して〉ふるまうことと、純粋に〈義務から発して〉ふるまうこととを厳密に区別しようとする。そしてここでは、純粋に〈義務から発して〉ふるまうことは、言いかえれば「法則への尊敬の念によって」ふるまうことである、と語る。それが、法の文字を充たすだけでなく、法の精神を充たすことである。命法＝法則それ自身を目指してのみ、意志が規定されるということなのである。

法に従うことと法を目指すことの区別はどこまで可能なのか

義務のコンセプトは、客観的に見れば〈そう行為する〉ことが命法に合致していることを求めている。そして同時に主観的に見れば、そう行為するように決める個々人の格律《マクシム》が、命法＝法則への尊敬になることを求めている。この法則によって意志が規定される唯一の様式としての〈法則への尊敬〉になるように求めている。

〈義務に従って〉行為するという意識と、純粋に〈義務から発して〉行為するという意識の違いは、ここにある。前者は感性的な性向という動機、密かにパトローギッシュ（感情的、情念的）な利益に根ざした動機が意志を規定する原理になっているときでも可能である。合法性、適法性の意識であり、法の文字を充たす意識であるから。

それに対し、後者はひとえに〈法則それ自身を目指して〉行われるときの意識、そういう仕方で意志が規定されることが〈それ自体において善い意志〉にふさわしいと確信されるときの意識である。カントの考えでは、それこそがモラルをモラルたらしめている価値、真のモラル的価値なのである。

純粋に義務から発して行為するということが、義務に従って、義務に適合して行為することから区別されるためには、いわば〈義務自身を目指して〉行為すること、言いかえれば命法＝法則それ自身を目指して行為することにならなければならない。〈モラル法則〉への尊敬の念によって行為することになるべきなのである。

見たとおり、カントの考えでは、〈モラル法則〉が感性的性向による抵抗をしりぞけるのに応じて、法則が命じるところに反する障害は取り除かれる。この事実が、理性の判断からすれば、意志を、自然の法則への依存、因果律への依存から解き放ち、より自由にし、積極的に自由による自己原因性を助長することに等しい、とみなされる。それゆえへりくだりの感情、ある意味で不快な感情が、それと同時に法則への尊敬の念となる。こうした推論からわかるように、〈法則それ自身を目指して〉行為するということは、自由になった意志が、その自由による自己原因性＝自己因果性として自らを規定することに結ばれている。

したがって、カントが望むように、〈義務に従って、あるいは法則に適合して〉行為することと、純粋に〈義務から発して、あるいは法則それ自身を目指して〉行為することとを厳密に区別するためには、この後者の行為は完璧に〈自由な意志による自己原因性〉として自らを規定するのでなければならないだろう。そうでなければ、たとえば、感性的性向、密かにパトローギッシュ（感情的、情念的）なものにつながれた動機に汚染されてしまうおそれがありうる。そうやって密かに情的な性向、傾向に動かされているのに、いかにも〈法に適合して〉ふるまっている、という仮象だけは誇示するかもしれない。

しかし、純粋に義務から発して行為すること、あるいは法則それ自身を目指して行為することが、絶対的な自発性＝自己原因性というやり方で起こる、というのは可能なのだろうか。いわば〈源泉-

点〉のような絶対的始まりはありうるのか。完璧に自由な意志による、絶対的自己原因性として——そして、なにものも模擬することと（すなわち、反復すること）のない、まったく固有な独自性として——開始する、ということは可能なのか。[1]

そのためには、たとえば、極端に言えば、どんなときにも明晰に自己を意識している主体としての人間、つねに理性の働きが確立しており、全面的に優位に立つことになる人間、けっして感性的なものに依存してしまうことのない人間を想定しなければならない。そして、そういう人間が、まったく独自に、ほぼ独力で、自らの意志の自由だけに基づいて、自分自身の固有なやり方で、純粋に「義務から発して」ふるまうこと——法則それ自身を目指して行為すること——を、ほとんど絶対的始まりとして開始しなければならないだろう。しかし実際には、そんなことはありえず、ひとが「義務から発して」行為するということは、むろんひとりの人間が他なる人（さらには、他なる人たち）との関わり（そして、関わり合い）のなかでそう行為するということであり、ある面から見れば、必ず模擬的、反復的な仕方で、そう行為する——そういう部分を含んでいる——ということである。つまり、これまで他の人々が「義務から発して」行為した事例、範例を——意図的に模倣するわけではなくても——どうしても模擬する仕方、反復する仕方でふるまう部分を含みつつ、再開始する、という側面を有しつつ、そう行為する、ということなのである。

こうした点から考えると、純粋に「義務から発して」ふるまう（あるいは法則そのものを目指して行為する）ということは、「義務に従って、義務に適合して」ふるまうということと混ざり合い、それに汚染されている可能性がつねにある。その可能性を完全に排除することはできない。混じり合い、汚染されている可能性を、初めから完璧に除外しており、純粋に「義務から発して行為する」ことが真に自己同一であるものとして――まったく固有な独自性として――確定しているわけではない。純粋に「義務から発して」行為するということが、「義務に従って」ふるまうということから、いつも完璧に区別されているということは、そう望まれることではあっても、実際上は、不可能なことである（カント自身も、第三章「純粋実践理性の動機について」のなかで、純粋に「義務から発して行為する」ことが、完全に「義務に従ってふるまう」ことから区別され、それとして確定することはありえない場合が多い、ということを認めていると思える）。

純粋に「義務から発して」行為するというのは、たしかにモラル的に善いこと、徳あることであり、モラル的価値を持つことだが、しかしそれは「義務に従って」ふるまうということからつねに区別された、完璧な同一性である、固有な独自性である、と定まっているわけではない。真に自己同一である事象として、明晰な自己意識に現前するなにか――真に客観的対象として判明に把握されるなにか――だと決まっていることはない。つまり、模擬的なもの、反復的なもの、類比的なものでは少しもなく、それとはいつも区別されている、そして、真実のものとして決定されている、ということはありえない。

それはどういうことなのか。それはつまり、純粋に「義務から発して」行為するということは、絶えず中断されて〈ほんとうにそうなのか〉と問い直されるはずだ、ということではないか。つねに中断されて疑問符を付けられ、問い直しを受け続けるはずではないだろうか。おそらくカント自身も、こういう見方を拒まないのではないか。

このことは、純粋に「義務から発して」行為することを、安心できない状況、厳しく問われ、疑問符を付される状況のうちにすえることになる。が、しかしこうした絶え間のない問い直しと決定しがたい宙吊り状態におかれることこそが、むしろ純粋に「義務から発して」行為することを固定させずに活性化する、と言えるのではないか。ひいては、純粋に「義務から発して」行為することに力を与え、それが新たに再開始するようにさせる原動力になるのではないだろうか。後でまた、考察を深めてみたい。

3　キリスト教に対するニーチェの評価と批判

初期キリスト教における不可視の内面の価値づけ

前に検討していたイエスの言葉に戻って、すなわちイエスによるユダヤの律法学者やパリサイ人の説く倫理の批判、さらには社会規範化した律法に順応し、それをひたすら遵守することが〈敬虔な信徒であり、信心である〉とみなす宗教観、モラル観の批判に戻って、考察を続けよう。

パウロは有名な書簡のなかで、「文字は殺しますが、精神は生かします」と言っている（「コリントの信徒への手紙二」三・六）。初期キリスト教から見れば、ユダヤ社会を指導する律法学者、大祭司、長老たちの説く義務と正義は、ほとんどつねに法に適合する義務であり、また法としての正義である。言いかえると、法の文字を充たす正しさである。再びカントの言い回しを真似るなら、法の文字には従っており、適法であるけれども、だから「正しく」、だれからも非難されないけれども、しかし法の精神を充たそうとはしない。カントはこう書く。

モラル法則に適合しているどんな行為であっても、それが法則を目指してなされたのでないとすれば、こう言えるだろう。それは文字についてだけなら善であるが、しかし精神〔心意〕については善ではない、と。(Kant 1985, p. 105／一五三頁)

福音書の言葉をいくつか引用してみよう。

学者とパリサイ人らはモーセの法壇を占めている。それゆえ彼らがあなたがたに言うことはすべて行い、また守れ。しかし彼らのわざにはならうな。彼らは言うが、行わないから。(「マタイによる福音書」二三・二—三)

律法または預言者を壊すために私が来たと思ってはならない。私が来たのは壊すためでなく、全うするためである。〔…〕あなたがたの正義が学者とパリサイ人の正義に優らねば、けっして天の王国に入れまい。(同書、五・一七—二〇)

律法学者たちは、律法の(すなわち、道徳的規範の)規則性、一般性は尊重する。しかしその一般性に包摂されない部分には眼を向けない。そこからはみ出し、扱いにくい、独特な部分には眼を閉ざし、それを尊重しようとはしない。一方では、だれにでも分け隔てなくあてはまり、適用される正義を説くが、しかし、他方で、ゆえなく世間から蔑まれ、疎まれている人々、犯罪人、貧民、障害者、疾病者、取税人などに対して正しくあろうと気づかうことはない。彼らの無言の呼びかけに、応えようとはしないのである。

パリサイ派の律法学者は、イエスが罪人や取税人といっしょに食事しているのを見て、彼の弟子たちに言った。「どうして彼は取税人や罪人といっしょに食事するのか」。イエスはそれを聞いて、言われた。「医者を必要とするのは、健康な者ではなく病人である。私が来たのは、正しい人を招くためではなく、罪人を招くためである」。（「マルコによる福音書」二・一六―一七）

当時の社会、すなわち古代社会には、犯罪人、貧民、障害者、疾病者、取税人たちは、なにかの罪のせいで――たとえば、前世で犯した悪しき行いのせいで――そうなっているという通念が流布していた。罪の報いのせいで、障害を抱えていたり、病気であったり、貧困であったりするのだ、と。だがイエスの言葉「悔い改めよ」はむろん、その人たちに向かって罪を悔いよ、と言っているのではまったくない。それどころか逆にこれらの社会的に疎まれた存在を肯定しているのである。

〈罪の報いを受けている〉と思われている困窮者、犯罪人、障害者たちを肯定するというのは、どういうことだろうか。それは、罪という観念を、実際の、具体的な悪、穢れから分離することだろう。そうすることで、罪をみんなが分かち持っているものだと信じることである。実際、イエスは、罪というものを、具体的な犯罪や病苦、障害、貧困から切り離そうとする。罪を心のなかに入れ、内面化する。そうやって、罪の意識はあらゆる人間存在に普遍的にあるものとみなす。

イエスの喩えによれば、人間の外から入って穢すものなどなにもない。

内から出るものこそ、人を穢れさせる。悪意、殺人、姦淫、不義、盗み、偽証、穢すものは心から出る。これらが人を穢すので、洗わぬ手で食べることは人を穢さない。（「マタイによる福音書」一五・一八―二〇）

人間の心に由来するものが、人間を穢れさせる悪、清められるべき罪だとされる。つまり内面のほうが外面よりも重要なのだと、イエスは明言する。憎悪、悪意、殺意、嫉みなどの悪しき思念は、その思念だけで、実際の行為から切り離されて、穢れさせる罪とみなされる。

邪心をもって他人の妻を見る者はだれでも、既に心のなかで姦淫したことになる。（同書、五・二八）

こうした罪の観念を免れ、それに無縁であるような人間はだれもいないだろう。罪は深く内面化され、普遍化される。あらゆる人間の属性となる。そして罪を最も多く身におびている者（犯罪人、貧民、障害者、疾病者、取税人、等々）こそが、最も普遍的な存在、人間的な存在である。罪が消され、癒されることを最も切望している存在であり、救われるはずの者なのである。「心において貧しい人々は幸いである。天の国はその人たちのものであろう」（同書、五・三）とイエスは言う。

『新約聖書』の思想が主張するところでは、見えない心の動きは現実の行為と同じくらい、いやむしろそれ以上に重大である。こうして初期キリスト教は、秘密の領域の大切さ、不可視の内面の重みを初めて価値づけた。この密かな内面においては、実際的、現実的な事象と心的、精神的な事象の価値は逆転していることもありうるだろう。ちょうど現世で壮大なものが来世では卑小になり、現世でみじめなものが来世で偉大になるのと同じように。

あなたがたの最大の者は、しもべであれ。自らを高める者は低められ、自らを低める者は高められよう。（同書、二三・一一―一二）

神との心的な、直接的《ダイレクト》な関係は外側からはわからず、密かなものであり、不可視の内面である。正義であることは、律法に従うことでも社会倫理的な規範に適合していることでもなく、この神との内的関係において義であると認められることだ。神という唯一の超越者、絶対者と私の関係のなかで、絶対的に私を超えている他者によって〈私が義である、正しい〉と認められることである。それゆえ、実際の法や道徳的規範に則して罰せられることがなくても、秘密の領域を見ている証人に照らして裁かれることは、だれにでもありうる。また逆に、現実の社会、実際の生活のなかでは認められず、評価されなくても、密かな内面を見ている証人に照らして高く価値づけられることもありうる。心の奥深くには、密かな領域、不可視の内面があり、その秘密を証する不可視の証人がいる。神とは、いわばこういう証人に与えられた名である。

私は神を見ることができないが、神は私（の内面）を見ている。相互的ではない。まったく非‐対称的な他者である。私がアクセスしたり、到達したりできない、絶対的に他なるものである。

密かな内面とその証人としての神

「マタイによる福音書」第六章において、イエスは三度にわたって「密かなところに見ている神＝父」のことを喚起している。

施しをするとき、偽善者が人々にほめられるために会堂や道でするように、鳴り物入りでしてはならない。〔…〕あなたが施しをするとき、右手のすることを左手に知らすな、あなたの施しが隠れたところにあるように。さらば、密かなところに見給うあなたの父は報い給おう。（「マタイによる福音書」六・二―四）

祈るとき、偽善者のごとくであるな。彼らは会堂や街角に立って祈りたがるが、それは人々に見せるためである。〔…〕あなたが祈るときは部屋に入って戸を閉じ、隠れたところにいますあなたの父に祈れ。さらば、密かなところに見給うあなたの父は報い給おう。（同書、六・五―六）

あなたが断食するときは、〔…〕人々に目立たず、隠れたところにいますあなたの神に見られるようにせよ。そうすれば、密かなところに見給うあなたの父が報い給おう。(同書、六・一七—一八)

「右手のすることを左手に知らすな、あなたの施しが隠れたところにあるように」と言われるのは、なぜだろうか。それは、施しがなんらかの恩＝負債のように受け取られるのを嫌い、避けようとしているからだろう。つまり、施しはある恩恵を受け手に授けること、贈与することだが、そういう恩恵を与えることが一種の債権＝貸し付けのようなものとみなされ、それゆえ施しを受けた者にとっては債務＝負債であるかのように認識されることを嫌っている。そして、恩恵の贈与があたかも負債であるかのように認識されると、〈いかなる恩＝負債も返さなければならない〉とみなす相互性の原理に基づいて、どうしても返済を呼び求めてしまうことを嫌い、避けようとしている。もし施しがやがて後になって返済されるなら、施しは、その贈与的性格を失い、ついには交換へと帰着してしまうが、そうなることを避けようとしているのだ。

施しや祈り、断食などの善き行いをなすときは、人々に見えない仕方でなさねばならない。律法学者やパリサイ人の行う善行のようであってはならないのである。

彼らのわざにはならうな。〔…〕彼らのするわざは、すべて人に見られるためである。(同書、

二三・三―五）

わざわいなのはあなたがた、偽善の学者とパリサイ人。あなたがたは杯や皿の外は清めるが、内は盗みとわがままで満ちている。〔…〕まず杯の内を清めよ。〔…〕あなたがたも外は人に正しく見えるが、内は偽善や不法に満ちている。（同書、二三・二五―二八）

正しいことを行うときも、他人に見られるためにしてはならないし、気づかれてはならない。

心せよ。あなたがたは正義を行うとき、人々に見られるために彼らの目の前でするな。さもないと、天にいますあなたがたの父のもとで報いを得られまい。（同書、六・一）

人々に気づかれるのを望むとすれば、それは承認されること、そして感謝されることを望むことであり、なにかしら計算可能な報酬を期待することになる。そうではなく、他人に知られることなしに、秘密のうちに、感謝も償いも報いもなしに、正義を行うのでなければならない。正義＝正しさは密かさ、秘密に結ばれている。見られることがないし、言述されることもありえない。

『新約聖書』の思想は、正義＝正しさの観念が現実世界におけるエコノミー的活動に類似してしまうことを否定しようとしている。借りたものは当然返し、貸したものは当然戻してもらう、どんなものでも等価的に支払われる、という相互性と対称性に基づくエコノミー、等価なものの交換というエコノミーをのり越えようとしている。つまりキリスト教思想は、古代世界における、通常の〈正しさ〉の観念とは異なる、ある別の種類の正義や義務――贈与的次元を含んでいる正義や義務――の観念をもたらそうとした、と言えるだろう。

キリスト教的な正しさ、その贈与的次元――ニーチェによる評価と批判

前に触れた『道徳の系譜』において、ニーチェが、キリスト教による大きな愛の贈与、慈愛＝隣人愛、善意＝善行、恩恵を授けることなどを、どのように解釈し、評価しているのか、考えてみよう。

指摘したとおり、発生論的に見ると、古代社会の正義＝正しさの観念は、原初の時代から存在した〈借りを負う、貸しを持つ〉という活動（およびその心的付属物）から派生した面を持っている。つまり元に戻す義務、正しさを復原する義務であり、恩＝借りは必ず返す義務である。それゆえ、過ちや罪――そういう負い目――は、必ず償わなければならず、「無償で」赦されることは考えようがない。

そうした正義＝正しさの観念は、どうしても負債＝恩を返せない者、義務にもとる者を、どうするだろうか。ある別の種類の正義が出現しなければならないだろう。ニーチェの見方では、イエスの教えと行い、とくにイエスの受難（すなわち、イエスの広大無辺な愛の贈与による、自己犠牲的な死、そして復活）こそが、そういう別の種類の正義の出現だと受け止められ、信じられたのだ。

初期キリスト教はある意味で、古くからの正義＝正しさの観念を破り、のり越えようとしたのである。キリスト教はあえて〈罪、穢れ、過ちを償えない者〉を「無償で」放免しよう、赦免しようとした。見たとおり、パウロによれば、神は、自らの息子であるイエスを、民衆みなのために「犠牲」に

捧げてくれた。

神はこのキリストを立て、その血によって信じる者のために罪を償う供え物となさいました。

（「ローマの信徒への手紙」三・二五）

パウロの見方では、民衆の人々はみな「罪を犯して神の栄光を受けられなくなって」いるが、しかし、「ただキリスト・イエスによる贖《あがな》いの業《わざ》を通して、神の恵みにより無償で義とされるのです」（同書、三・二三―二四）。

負債＝恩を返せない者、支払えない者、義務に欠ける者を大目に見ること、赦すこと。それは、ある面から見れば純粋な善意、一方的な好意であり、留保なく愛を与えることであるはずだ。自分（にとって大切な、最愛のもの）を犠牲《サクリファイス》にしてなされる贈与であり、このうえない恩恵であるはずだ。しかしニーチェはそこにキリスト教の大いなる功徳だけを認めるのではない。キリスト教が宗教として最大の力を発揮したモメントを見ている。すなわち贈与しつつ、その贈与をついに取り消してしまい、もっと大きな負債へと反転させてしまう、逆説的なモメントを見ているのだ。

すべては支払うことができる、償われるべきである、という観念から始まった正義＝正しさは、やがて大目に見ることを知り、負債を支払えない者を成り行きにまかせるということも生じる。言うならば、この正義は、地上のあらゆる良き物事と同じように、ついに自らを止揚する

〔sich selbst aufhebend〕ようになる。――この正義の自己止揚、それは、知られているとおり、〈恩寵〉という美しい名で呼ばれている。（Nietzsche 1979, p. 265／八七頁（第二論文第一〇節））

キリスト教的な正義は、一方的な好意、善意に溢れており、負債を――罪や穢れ、過ちなどを――償えない者、支払えない者を大目に見て、赦す、という贈与的次元を持つ正義＝正しさである。そのはずだ。が、しかしそれはまさしく〈神の恩寵＝恩赦〉だとみなされている。

こうした恩寵＝恩赦という正義は、たしかに一方では、旧来の正義をのり越えている。公正であることとしての正義、均等性、釣り合い、客観的等価性の回復、折り合いをつける善意、恩＝借りを返す義務、元に戻す義務などに満足せず、のり越えようとしている。そういう〈対称性と相互性としての正義〉である自己を否定して、いわば「無償の」愛の次元、自己犠牲《サクリファイス》であり、純粋な贈与である愛の次元を生み出そうとしている。

しかし、自らを否定して廃棄しつつ、他方では、それにもかかわらず自らをより高いところまで持ち上げながら、維持し、保存してもいる。たしかにエコノミーの円環的回路にとどまることをやめ、溢れ出す。だが、しかしまた同時に、もっと大きなエコノミーのうちへと自らを高めつつ、保存し、維持してしまう。

第二論文「過ち、疚しい良心およびそれらに類似したもの」の第二一節で、ニーチェはこう語っている。

恩＝負債の感情、借りを負っているという感情、返すべき義務があるという感情は、どうしても道徳化せずにはすまされない。負債と義務の感情は、意識の内側に逆流し、自分が〈悪い、と感じる意識〉を高め、疚《やま》しい心を強める。そうしてモラル意識の核心をなすようになる。〈債務者──過ち、罪を償わねばならない者〉の内面では、良心の疚しさがまるでポリプ＝サンゴのように根を張り、浸透し、拡がってゆく。自分を〈悪い、と感じる意識〉が強固になるので、もう負債（過ち）から放免されることは可能ではないと思える。そうして永遠の罰＝劫罰、という観念が生まれる。祖先、最初の人類が取り返しようのない過ちを犯した、という観念、つまりアダムの堕落、楽園からの失墜、原罪という観念も生じる。人間がそこから出てきたはずの自然は、悪の源ではないか、悪魔的なものに牛耳られているのではないかとさえみなされる。どこを見ても、負債を返済する展望は閉ざされている。

だが、まさにそういう事態、状況において、キリスト教の「天才的な方策」が計り知れない力を持ったのだと、ニーチェは言う。

われわれは、あのものすごい、逆説的な方策、キリスト教の天才的な方策に立ち合うことになった。その方策とはこうだ、──神自らが、人間の負債を支払うために、自分をサクリファイスに供し給う、神自らが身をもっておのれ自身に弁済をなし給う、神のみが、人間にとっては返済しがたくなったものを返済しうる唯一の者であられる、──債権者自身が、債務者のために自らを犠牲に差し出される、それも愛からして、すなわち自分の債務者への愛からして！（ibid., pp. 282-283／一一二頁（第二論文第二一節））

人間たちの負債（過ち）がもう償いようがなくなるとき、神のみが、自分（の息子イエス）を犠牲《サクリファイス》に供して、人々の負債を支払ってくれるのである。「神の子」は人間たちすべての罪過を一身に背負って贖《あがな》うために、大きな、無償の愛によって自らの生命・肉体を犠牲にする。あらゆる罪、過ち、悲惨、穢れ、苦悩を吸収し、引き受けて、十字架のうえで死ぬのである。

神はこのキリストを立て、その血によって信じる者のために罪を償う供え物となさいました。それは、今まで人が犯した罪を見逃して、神の義をお示しになるためです。このように神は忍耐してこられたが、今この時に義を示されたのは、御自分が正しい方であることを明らかにし、イエスを信じる者を義となさるためです。（「ローマの信徒への手紙」三・二五—二六）

この十字架上の受難《パッション》、神の子の死。パウロは、それを、私たちの救済のために、私たちへの限りのない愛によって死んでくれたと解釈した。この大きな、無償の愛の贈与、気高い、純粋な贈与のおかげで、重い負債に苦しんでいた人々は、その罪過、悲惨、苦悩を引き受けてもらい、奇蹟のように救われた。イエスの受難と復活を信じる宗教は、メシアニスムの土壌を踏まえて、きわめて強い魅惑力、求心力を持った。人々は罪、過ちから赦され、解放された。そう思われた、一時的には。しかし、逆説的にも、もっと大きい負債＝恩を担うようになるのである。

いったいどうすれば、この限りなく大きな愛の贈与、自己犠牲に応えることができるのか。どういうとき、ひとは応えていることになるのか。それは、ローマ教会によって定式化された教えによれば、ひとが神の計り知れない愛に感謝し、報いる者になるときである。神（の息子イエス）を深く信仰する者、来たるべき神の国への希望＝期待を持つ者、慈愛（神への愛を通じた、隣人への愛）に溢れた者、モラル意識の強い、疚しい良心を抱く者――自分はまだまだ十分に罪の償いをしていないので、さらにいっそう罪の意識に苦しみつつ償わねばならないと感じる者――になればなるほどそうなのである。〈修道者や司祭〉のような、禁欲主義的な理想に近づけば近づくほどそうなのだ。

ニーチェは、第二論文の第二二節で、赦され、放免されたはずの人々が、「実際にはどうなっていったか」を示唆している。それは、異様なまでに肥大した〈良心としての人間〉である。神に対する負債＝恩の感情は、ますます内に向かって押し返され、自分が悪い、と責める意識を極度に昂進させる。疚しい良心を異常に強くする。神こそが唯一、真に自分を守護してくれる者である、自分が自分の一面――本源的な、自然的な一面――に向かって否《ノン》と言う拠りどころである、とみなす。つまり神のなかに、自分の基盤をなす、抑えがたい、「動物的な」諸本能、古くからの自由の本能＝欲動に最も対立するものを見出す。そして、見る角度を逆にして、こうした動物的な本能＝欲動を、神に対する負い目であるかのように解釈し直す。いわば、「父」、「主人」への敵対心であるかのように、また、祖先や世界原理への反逆であるかのように解釈する。

こうして〈疚しい良心を抱く人間〉は、自分自身に向かって〈否《ノン》〉と言う。自分が存在することに伴う自然＝本性、自発性、現実性に向かって〈ノン〉と言い、拒む。そして、そういう拒否が、逆転して、神聖なる観念の強い肯定に変わる。理想的なもの、神聖なる神の裁き、神のいと高きわざの遂行、彼岸への憧憬・期待、永遠への待望などに変わる。

良心ある者であればあるほど、自分が救われがたいまでに罪ある者、罰すべき者だと感じる。どんなに罰を受けても、なお自らの罪を償うことは到底できない、と思う。一つの理想、〈聖なる神〉という理想を立て、その理想に対比して自分はまったく取るに足らない者、絶対的に無価値な者だと確信する。このように自分を非難し、問い詰め、禁欲主義的理想に近づけば近づくほど、イエスの無限に大きな、贈与的な愛、真の自己犠牲に応えることになる。

こうして神自身が犠牲となって死ぬ供犠《サクリファイス》は、たしかに通常のエコノミーの回路を中断し、破る、瞠目すべき出来事であって、瞬間的にせよ、純粋な贈与の次元に近づく。しかし逆説的にも、もっと大きな、無限の恩＝負債のエコノミーを復原することになる。

キリスト教的な正義や義務――イエスの広大な愛の贈与、犠牲に基づく正義、義務――は、明らかに贈与的次元を、さらにはまた自己犠牲的次元を内包している。それはキリスト教の（そして、それのみならず、おそらくは多くの宗教的なものの）魅惑をなすところのように思える。だが、しかしまたこう言うことができるだろう。すなわち、そうした贈与的次元を含む正義、義務には、超えがたい限界、通り抜けることがありえないほどの難関《アポリア》が潜んでいる、と。なぜなら贈与、サクリファイスという出来事は、まったく純粋なものとしては、つまり贈与としての贈与、自己犠牲としての自己犠牲としては、考えようのないほど難しいもの、ありえない、不可能なものであるから。

私たちは、こういう不可能なもの、そしてまた、通り抜けることがありえないほどの難関《アポリア》をもっと深く探るために、古代社会よりさらにもっと原初の時代に遡って、〈贈与というかたちを取る〉物の交流・交易を検討してみたいと思う。

第Ⅲ章

原初の社会における贈与的ふるまい

1 〈贈与というかたちを取る〉物の交流・交易

見たとおり、キリスト教的な正義、義務は、贈与的次元を内包しているけれども、そうした贈与的次元が真に純粋な贈与として保たれるのはきわめて難しいことであり、ほとんど考えられないほどのこと、ありえない、不可能なことである。

考察を深めるために、原初の時代と社会における物の交流・交易について、簡潔な仕方にせよ、考えてみたい。ニーチェは『道徳の系譜』において、借りを負う、貸しを持つ、売る、買う、といった活動は、どんな社会体制や社会的な同盟・結社などよりももっと古くからあった活動だと指摘していた。そして、過ち、罪、負い目などの倫理的な感情も、「その源は貸し手と借り手、つまり債権者と債務者の関係に発する」と示唆していた。しかし、ニーチェが『道徳の系譜』で追求しているモチーフは、主としてキリスト教的モラルの批判的な再検討にあるので、原始社会のことは、ある程度考慮には入れられているにしても、実質的に考察されている部分は少ない。それに対し、ジョルジュ・バタイユ（一八九七―一九六二年）やジャック・デリダ（一九三〇―二〇〇四年）は、ニーチェの没後、二〇世紀に大きく展開された民族学、文化人類学の成果を取り入れながら、考えようとしている。

原始社会において、〈物を譲り渡し、また、受け取る活動〉の領域では、なにが義務だとされていたのだろうか。マルセル・モース（一八七二―一九五〇年）の思想、バタイユの思想を参照しつつ、原初の社会において、物の交流・交易に関わる義務や責任（応答）がどう考えられていたのかを推定してみよう。

まず原初の社会において、人々はどのようにして物をやり取りしていたのかを考えてみたい。つまり人々は、自分が生産した物、自分が所有し、保持している物を、どのようにして他の人に譲り渡したのか、また、他の人が産み出した物、所持している物を、どのようにして渡してもらい、受け取ったのだろうか。

常識的には、原初の人々は「物々交換」をしたのだと思われてきた。ジャン＝ジャック・ルソー（一七一二―七八年）のような思想家が、後期の長い小説作品である『新エロイーズ』（一七六一年）のなかで、一種の理想郷として構想した「クララン」では、自給自足が原理とされ、貨幣は廃止されているが、物のやり取りはやはり「物々交換」というかたちで行われていた、と考えられている。

近代資本制社会は、万般にわたって貨幣（共通の尺度となるもの、そして共約可能性を産み出すもの）による等価性の設定を当然のこととして前提にしている。だから等価なものの交換という観念しか知らず、それが自然なことだと思っている。人々は、商業活動を範型にして考えるので、原初の人々は、自分が産み出し、所有している物を、それを必要としている他の人に渡し、その代わりに等価なものとして、自分に欠けているもの、必要なものを、他から受け取ったのだと思う。

しかし「物々交換」というのは、後代の商取引から逆向きの仕方で推論的に抽象して定式化した観念であって、原初の人間はその観念を――公式的なものとしては――持っていなかっただろう。後から見れば、結果として、物と物を等価的に交換したように見えるだけだ。それは結果であって、原因にあたるなにかではない。

バタイユの考えでは、原始社会における物のやり取りは、功利的な意味あいを――主な動機としては――持たず、有用性と(少なくともダイレクトには)結ばれていない。では、原初的な物の移動・やり取り、交流・交易は、何に最も深く結ばれていたのだろうか。それを解明するためには、原始社会において〈富〉や〈財〉がどんな原則に従っていたのかを、考えてみなければならない。

原始社会において富はどんな原則に服していたのか

原初の人々は、自分が働いて産み出した成果である産物を、どのように見ていたのだろうか。もちろん彼らは生存を維持し、再び労働できるために自分たちでその産物を消費もした。それは当然である。だが、その前にまず〈初物を捧げる〉という仕方で、精霊たちや神々に奉納する祭りを行った。〈富〉はまずなによりも神々に贈るべきものだった。

この奉納およびそれと一体になった祝祭は頻繁に行われた。さらには、このように貴重な〈富〉を贈与する祭りを引き継ぐ活動として、神々に捧げる様式で、歌、舞踏、見世物、演劇を上演することが行われたし、また、少し後の時代には、巨大な石像や神殿を建てること、神々の似姿《イマージュ》＝像として彫刻や絵画を制作することが実践された。

それらの活動はどんな特性を持つだろうか。自分が産み出した富や財を、自らの生存を維持し、再び労働することができるために自分たちで消費するときには、この消費は役に立つものであり、生産された物は有用な仕方で消費されると言える。それに対し、貴重な〈富〉を神々に贈与するやり方で費やす活動は、なにかに役立つというよりも、その活動自体のうちに目的を見出している。産み出された富を費やすということが、なにものかに利益があり、役に立つと予測されたうえで、消費されるのとは違う。それを費やすことが、そのこと自体において価値を持つ仕方で使うことである。

少し敷衍して言いかえると、富を費やすことが、再び生産活動が円滑に運ぶように、という目的を考慮して――あるいは、いつのまにか予測し、期待しつつ、見込んで――実行されるのではない。そうではなく、その消費が、もっぱらそれ自体のうちに目的性＝究極性を持つ様態で行われる。それゆえ、このとき貴重な富は、非生産的なやり方で消費される（すなわち、濫費される）ことになる。後代のポリティカル・エコノミーの観点から見れば、そう思える。通常の意味での〈消費〉とは異なり、むしろ〈消失〉である。こうした非生産的な消費は、バタイユが〈濫費（dépense）〉とか〈消尽（consumation）〉と呼ぶものに近い。

しかし、労働することによって産出された貴重な産物を、神々に捧げる祭り――精霊や神々に贈り物として献上する祝祭――は、よくそう言われるとおり、豊かな収穫を感謝したり、次の栽培や飼育も豊饒であるよう祈願したりしているのではないか。つまり、再生産がうまく運ぶように気づかっているのではないか。そういう反論もありうる。だが、〈豊饒の祈願〉という観念は、もっと後代の――十分に制度化した――宗教とその祭儀から逆向きに推論して導き出した観念であって、原初の人々はそんな観念を、定まったものとしては持っていなかっただろう。ここでも、貴重な産物を犠牲にして捧げることが、結果として見れば、穀物や家畜の豊饒を促したことになるだけであり、それは結果であって、原因をなすものではない。

モース『贈与論』について

マルセル・モースの『贈与論』（一九二五年）から何が読み取れるだろうか。

『贈与論』の副題は、「原始社会における交換の形態と理由」と書かれている。モースは、この論考で贈与をテーマとし、贈与について論じているが、しかしその贈与は、現代人から見れば、贈与でもあり、また同時に交換でもあるような曖昧さを持っている。ほとんどの場合、大きく距離をとって、また長い時間の幅をとって、その行動＝ふるまい――贈与的次元を持つ、と思えるふるまい――を眺めれば、時間的な差異（遅れ）を伴う交換であるように見える。だからこそモースは、読者の理解しやすさも考慮しつつ、『贈与論』の副題として「原始社会における交換の形態と理由」という言い方を添えているのである。[1]

ただし、それは独特の交換であり、交換ではないような交換であって、近代資本制社会、市場経済社会において私たちが慣れている〈等価なものの交換〉、貨幣を前提にした交換、商品の交換のような交換ではない。

モースが挙げている多くの原始社会では、人々がなにかある物を、自分とは違う、他の人々へと交流させることを実行する場合、少なくとも最初は、贈与する、というかたちを取る。自分が生産したもの、制作したもの、保有しているものを、他なる者（他の氏族・部族）に贈る、というやり方で始めるように見える。

たとえば、ブロニスワフ・マリノフスキー（一八八四―一九四二年）の『西太平洋の遠洋航海者』

（一九二二年）が報告しているように、西太平洋のトロブリアンド諸島の人々は、自分の生産したもの、作業して産み出し、所持しているものを、他の人々（他の氏族・部族）に、まず贈与する、というかたちで交流を開始する。現代の観察者（その社会を訪れた民族学者、文化人類学者）の目から見れば、そう言える。

「クラ」と呼ばれる交流・交易を簡略化して示そう。Aという島の氏族・部族から贈られ、Bという島の氏族・部族によって受け取られたものは、Bのもとでしばらくのあいだとどまる。生活品や消費財であれば、利用され、活用されて、Bが作り出す新たな生産物に変わるし、象徴財（たとえば腕輪や首飾り）であれば、なんらかの逸話（ある儀式で着装された、という物語）が付け加わる。Bはやがて別の島のCという氏族・部族に、自分の生産したもの、所持するものを贈る。そして同じような過程を経て、Cはしばらくの後、自らの生産したもの、所有するものを、Aに贈る。むろん、D、E……という具合に数はふえてもよいのだが、生活財や象徴財がAからBへ、BからCへ……という仕方で循環していき、しばらく時間が経過したあと、円環的に元に戻るという構図は同じである。クラという語の意味は、リング、円環、に近いと、マリノフスキーは報告している（マリノフスキ 二〇一〇）。

このように、モースの考察の中心を占めているのは、

マリノフスキー

給付することが——ある時間をかけた過程を経て——反対給付を呼び、それがまた同じような過程を経て、次の反対給付を促し、という具合に次々と連繫していって、ある限定された回路を経由したあと、必ず元に戻ってくる、循環的な贈与である。

Aという贈与する者（氏族・部族）はその人独自のマナ（霊的力）の容器のようにみなされており、Aが生産した富はそのマナを担っている。そういう富を贈与すると、Aはいったん〈自分にとって貴重な固有のもの〉を分離し、他の容器である受贈者Bのなかへと譲渡する。贈り物を受け取った者（氏族・部族）は、そういう恩恵を負い目のように感じており、恩＝負債はどうしても返さなければならないという相互性の原理に基づいて、必ず自分も贈与しようとする。そうやって〈贈与の運動〉のうちに参入しない限り、つねに負債をおったままに——あるいは、相手に優位を認め、自らは劣勢に立たされたままに——なってしまうからである。

こうして、その贈り物は、こんどは受贈者Bのうちでその人のマナによる労働の成果を付与され、作り変えられる。Bはそれを第三の者（氏族・部族）Cに贈与する。そして、Cはまた同じように時間をかけた過程を経て、自らのマナを担った労働の成果である生産物を、D（E、F……）に贈与し、そのDは、今度は、円環的に回って、自らの産み出した特産品をAに贈与する。贈り物をすることは、次々と中継地を経由して循環的に元の贈り手に返され、戻る。すると贈与者Aは、いわば他者の労働による付加価値がついた〈自分のもの〉を再び所有することになる。〈貴重な固有のもの〉はいったん手放されるけれども、迂回路をたどったあと、必ず回収され、また自己所有される。それゆえ後代のポリティカル・エコノミーの観点から見れば、一種の「利子付きの信用貸し」に相当するように思える。ただし文書による契約に基づくのではない。つねに〈心的な恩＝負債の感情〉に結ばれた黙契にほかならない。

2　贈与的なふるまいの両義性

贈与的であること、交換的であること

クラのような交流・交易を、かなりの時間のずれを考慮に入れつつ総体的に眺めれば、一方的にAがBに——また、BがCに——贈与したことにはならない。AはC（D、E……）から、なにかしら同じだけの（多くの場合、それ以上の）値打ちのある返礼贈与を受け取るからだ。結果としては、生活財や象徴財が流通し、循環してゆく。通常の経済活動に似ているやり方で、交換したのとほぼ同様になる。それゆえ贈与することが、エコノミー的な活動を促進したことになる。

モース

こうした交流・交易は、贈与的なのか、それとも交換的なのか。

どちらとも、決めがたい部分がある。そんな曖昧さ、両義性を、モースもバタイユもたしかに読み取ってい

る。

一方から見れば、原初から古代の社会においては、結果的に交換したことになる行為も、初めからなにかを獲得し、所有することを目指して——それを原動力として——行われたのではなく、役に立つ手段だ、と考えられていたのでもなかった。むしろ、自分が産み出し、所有する富を手放し、贈る、という奇妙に自己消失的な（あるいは消尽的、自己犠牲的な）ふるまい方と深く結ばれていた。

こんな自己消失的な次元、そして自己犠牲的な次元をうちに含んでいるふるまいは、どこか深いところで宗教的なもの——すなわち、原初的宗教性——に結ばれているのでなかったら、考えられないだろう。原始宗教の核心であるサクリファイス（供犠、つまり犠牲を捧げる祭り）になにかしら関わっているのではないかと推測される。

供犠《サクリファイス》において、ひとは、自分にとって最も大切な富を——たとえば、遊牧生活において、主要な、貴重な産物である羊を——、神に捧げる仕方で、犠牲にする。こうした供犠は、いつも祝祭と結ばれ、祝祭の運動を開いた。英国の民族学者であるロバートソン・スミスは、原始・古代のユダヤ教の優れた研究書『セム族の宗教』（一八八九年）のなかで、原始から古代にかけて「祝祭のない供犠はなかったし、また供犠のない祝祭はなかった」と指摘している（スミス 一九四一—四三）。

こうした供犠＝祝祭は、まさに神々に贈与すること、このうえなく大切な生産物を贈り物にして捧げることとして受け止められていたに違いない。このとき、注目されるのは、神々に贈与されれば、産み出された富は有用なやり方で消費されるのではなく、むしろ無益な仕方で、ただし神の栄光にあずかる輝きをおびた仕方で消尽されると感受されただろう、という点である。産み出された富を費やすということが、なにものかに利益があり、役に立つと予測され、期待されたうえで、消費されるのではない。そうではなく、それを費やすことが、そのこと自体において究極性を持ち、自らのうちに価値がある仕方で、消費されるのである。

そうした供犠＝祝祭にある程度まで類比される側面が、原初的な交流・交易にも含まれているのではないか。見たとおり、トロブリアンド諸島のクラと呼ばれる交流において、ひとが（ひとつの氏族・部族が）自らの産み出した貴重な財を、他の者に（他の氏族・部族に）贈与するということは、その時点だけを取り上げて見れば、自分の手にしている大切な富を失うかもしれない危険にさらされることになるだろう。それにもかかわらず、クラという交流は、そんな危険を顧みず、いわばのり越えて、あえて貴重な富を手放し、贈り物にする。そういう側面を持っている。それゆえ、一方から見ると、こうした交流は、自らの労働の成果である制作品＝生産物を思い切って手放し、放棄する仕方で、贈与し、捧げ物＝贈り物にする、という意味を持ちうる。つまり、その瞬間だけにせよ、生産活動や生産物に執着しない、自分の富に固執しない、という意味を持ちうる。

とはいえ、そうした自己消失の危険と富の（一時的な）放棄に沿う仕方で、いわゆる交換の過程――さらには獲得と所有の過程――が発展したことも確かである。つまり、他方から見れば、〈贈与する〉ということが、対抗贈与、返礼贈与の動きを誘発し、さまざまなものの流通を促すこと、そして、循環させ、有用な仕方で消費させ、ひいては再生産を刺激することにもなる。それゆえ、エコノミー的活動を活発化させる。

このような〈贈与〉は、ほんとうに贈与と呼べるのだろうか。贈与としての贈与、交換的なものに帰着する部分に汚染されない、純粋な贈与なのだろうか。どこまでも曖昧な両義性はつきまとうだろう。

供犠《サクリファイス》の発生と由来について

義務という観念の側面から考えてみると、こうした原初の社会において、人々はどういう義務に服していると言えるだろうか。何を〈すべきである〉と感じているのか。「感じている」と言っても、むろん意識的に自覚しているとは限らず、無意識的に受け止めて従っている場合も含めているのだが。

モースは、原初の人々――その社会――が〈すべきである〉と感じ、従っている三つの義務をあげている。与える義務、受け取る義務、返す義務である。これらが、実のところ、一つの同じ義務の三つのアスペクトである点は、後で考えよう。神々に贈与すること（大切な富を贈り物として捧げること）を、モースは「第四の義務」とも書いているが、むしろ諸々の義務の感情の源をなすのかもしれない。

なぜ精霊たちや神々に贈与するのか。サクリファイスというかたちで、貴重な生産物、自分に固有な大切なものを捧げるのか。供犠《サクリファイス》の発生と由来について、バタイユの『宗教の理論』（一九四八年頃執筆）を参照しつつ、仮説を立ててみよう。

供犠においては、その種族の最も重要な生産物が、神々（あるいは精霊たち）に捧げられつつ破壊される。たとえば遊牧民・牧畜民は一頭の羊を犠牲にして殺害し、農耕民は収穫した稲や小麦の初物

バタイユ

を供物として奉納する。それらはこのうえなく貴重な生産物のはずだが、なぜ破壊するのだろうか。なぜ自分の食べ物として享受する以前に、まず捧げ物にするというかたちで差し出し、消失するのか（むろん供犠および祝祭がすんだあとには、食料や衣料などにするけれども）。動物の供犠の場合には、なぜ死の禁忌《タブー》をあえて破って血を流すのか。こうした〈破壊〉の祭りは実際不可解で、謎めいている。

たとえば牧畜民にとって羊は、長い労働と作業の末に飼育した成果である。そんな貴重な生産物をまず捧げ物にする。自分たちにとって最も大切で、有用な食料（肉）や衣類（羊毛）となる産物を、いわば無益なやり方で消費する（むしろ、消尽する）。なぜまず初めにこんな無益な消尽をするのか。羊を祭りとして殺害するということは、個々人がパーソナルに消費する目的で殺害することとは違う。羊を破壊するのは確かである。だが、なにを壊そうとしているのだろうか。

それは、〈生き物としての羊〉を破壊したいのではないだろう。生命体としての羊を壊したいのではない。そうではなく、〈事物化した羊〉を破壊したいのだろう。生産のための労働が狙う家畜であり、日々の仕事や作業の結実した成果である生産物としての羊は〈事物《ショーズ》〉化されるのだが、そんな〈事物〉性を破壊するのである。

羊や稲は、本来的には、自然に与えられていた生命存在である。人間もそうであるような〈霊〉的な真実を秘めている存在である。程度の違いはあるかもしれない。

が、しかし本性上の違いはない。けれども、規則的に労働し始めた人間はそうした自然的に与えられている存在を〈否定する〉仕方で捕捉し、自分の〈対象〉にする。手を加え、作り変え、有用な産物、制作品にする。野生の動物である羊を摑み、その野生状態から引き剝がして〈家畜〉にするし、野生の植物である稲を捉えて、自然から引き出し、食料生産のための〈作物〉にする。いわば自分が〈主人〉となって支配する物に変える。つまり自分に役立ち、奉仕する事物《ショーズ》に変える。

　そのとき、人間もまた変わる。主人になる（支配し、服従させる）ということは、服従させたものを変えるだけでなく、主人となったものも自ら変えられるということだ。労働する人間、合理的に考えて対象を作り変える人間は、そういう自らの操作や作業が結実するはずの時、やがて来るはずの時——後に来る時——を必ず待機し、期待する。かつて主に狩猟採集で生活していたときには、人間は、自然的に与えられていた動物を狩猟して殺害し、その肉をほぼ即座に食べる（享受する）ことで生きていた。だが、牧畜する人間、農耕する人間は、そのようにただちに享受するのを我慢し、止め、辛抱して働くようになる。すぐに享受したいという強い欲求を抑えて労働し、作業するのは、享受することを一時的に断念しているだけであり、それを先に延ばし、〈後になってから〉もっとよく享受しようと期待し、見込んでいるのだ。こういう見込みと期待は、心的な慣習となり、人間はそれに服するようになる。

　生産のための労働が狙う〈家畜としての羊〉や〈農作物としての稲〉を捧げ物として消尽する祝祭が生じたのはなぜか。それは、そうした生産物のうちで〈事物〉化された在りようを破壊することによって、羊や稲を、それらが無理やり位置づけられることになった〈事物たちの面〉から引き剝がすためである。羊や稲が本来的にはそこに存在していた直接性＝無媒介性の領界に戻すためだ（この直接性＝無媒介性の領界というのは、ヘーゲル『精神現象学』（一八〇七年）の用語を応用しているが、与えられたままの、なんら媒介されていない直接的ななにか、言いようのない、名づけえないなにかであって、いわば文化以前の根源的自然《フュシス》、人間が人間化する以前の自然のことである。バタイユの比喩をまねれば、「水のなかに水があるような」状態である）。どんな切り離しもなく、区切りや境界もない、一切のものの深い連続性へと立ち返らせるためなのだ。

容易には理解し難いことだが、牧畜や農耕の作業のなかで〈事物〉化させられた、しかし牧畜民や農耕民の意識の深部ではけっして〈事物〉ではなく、自分たちと同じ生命存在であり、〈霊〉的な真実を持つ存在であった羊や稲は、逆説的にもただ〈破壊される〉ことによってのみ、その本来的な在りように――無傷なままの、手つかずのままの、なんら害されていないままの生命存在に――戻される。そう信じられただろう。

〈事物〉化した羊は破壊されることで、本来的な存在へと復帰する

古代人にとって稲はもともと作物なのではなく、けっして農業生産の単位などではなかった。稲は本来的には〈それ固有の目的＝究極〉を秘めており、精霊的な真実を持つ存在なのだった（それが、「稲には霊が宿っている」という信仰の基盤である）。農耕に勤《いそ》しむ人間は、このことを、奥深くで、必ず意識している。つまり稲は本来的には〈霊〉的真実を持つ存在であり、自分たちともある種の深い連続性を秘めているのに、農作業のなかでは〈有用な作物〉として捕捉されている。それ固有の目的

＝究極から逸《そ》らされ、その自然的生命体としての在りようを否定する仕方で引き出されて、まるで鋤《すき》や鍬《くわ》のような道具が位置する〈面〉と同じような面のうえにすえられている、と。

そういう奥深い意識がなかったとすれば、稲の初物を捧げる祭りは生まれなかっただろう。ということはつまり、そうした祭りは必然的に、いったん否定的に媒介され、〈対象〉化されることで、その対象化の活動（すなわち労働）を実行する主体である人間に役立ち、奉仕するよう作り変えられた生産物としての稲を、もう一度否定することを通じて、その本来的な在りように戻す、という意味を持ったはずである。古代人の心的プロセスを、こう想像してもよいだろう。〈霊〉的真実を持つ存在である稲を栽培し、加工し、操作して、利用する物、有用な物に変えてしまったということは、〈稲を侮辱し、失墜させた〉ことになる。だからなんとしても稲に宿る霊を、本来の真実へと立ち返らせねばならない。

そのためにはどうすればよいのか。日常的な行動や活動の循環のなかで、そのまま享受し、利用するのではいけない。なぜならそのように有益な活動の連なったサイクルのなかで消費されたり、利用されたりしている限り、生産物としての稲や羊は基本的に〈事物たち〉の位置する次元にとどまっているから。したがって、羊を殺害するとか稲の穀粒を食べて消し去るといっても、民衆のひとりひとりが日々の糧《かて》として殺害したり、食べたりするのではなく、生産（すなわち再生産）に役立つ回路から引き離すような仕方で破壊するのでなければならない。民衆の個々人が消費する場合、各人はその食物から新たな活動エネルギーを得て、再び生産活動に従事できる。すると羊や稲は見かけ上破壊され、消失したかに思えても、実はその〈有用な事物〉としての価値を、持続のうちに保存する。

だからこそ、供犠（および祝祭）として破壊し、消失する、というふるまい方が発生したのだ。捧げ物、贈り物にする、という供犠＝祝祭が、どうしても必要なものとして求められたのである。〈事物の世界〉を超えた次元がなくてはならないものとなった。生産活動を中心とし、その拡大や再生産に役立つやり方で享受（つまり消費）したり、交換したりする、通常のエコノミーの円環的回路を超えた彼方の次元が、必須のものとして感受されたのだ。こうした〈彼方〉という次元がおそらく、少しずつ〈神々の審級〉として定まっていくだろう。

〈神々への捧げ物〉として贈与されれば、肥えた羊や豊かに稔った稲はなににも役立つことのない無益な仕方で、だがしかし〈晴れがましい〉様式で消失されることになる（ただし、ここには、曖昧な両義性が混じり込んでくるのを、忘れてはならない。後で考えてみよう）。

肥えた羊を捧げ物として殺害する祭り、あるいは稲の初物を〈にえ＝神饌《しんせん》〉として献上する祭りは、根本的にそういう意味を持っている。つまり晴れがましい仕方で純粋に贈与するという意味を持つ。労働の成果である貴重な富を、再生産に結びついた交換や消費という通常の回路の外へと引き出し、荘厳な、かつ晴れやかな様態で〈破壊する〉ことだ。農作物・家畜・産物と化していた稲や羊を、光輝あるやり方で否定すること、どこかでなにかに有益となる仕方で消費するのではなく、その〈事物〉性を究極的に破壊し、消尽することである。

それゆえ供犠にとって本質的なのは、殺害して血を流すことではない。そうではなく、贈与すること、それも放棄する仕方で贈与することである。ただ、死が〈事物たちの構成する秩序〉の最大の否定であり、〈事物が要請すること〉を、すなわち有用性という価値が損なわれることなく保存され、持続することを最も強く断ち切る力であるため、供犠と死は堅く結ばれているだけである。

肝心なのは、生産された富や資財が必ず〈持続する必要性〉に服したやり方で消費され、手放されるエコノミーの回路から離脱して、なんら留保のない、無条件な〈消尽〉の激烈さに移行することである。作り出し、保存する世界の外に出ることだ。供犠とは〈後に来るはずの時〉を期待しつつ、そこを目指して行われる作業や操作の、また自覚していようといまいと合理的に実行される消費や交換──そこに、交換的贈与も含めて、つまり明確に交換へと帰着する贈与も含めて──のアンチ・テーゼであり、その瞬間そのものにしか関心を持たない消尽である。その意味で、供犠とは純粋な贈与であり、放棄なのだ。

3 贈与的次元を含む運動、それを打ち消す動き（再‐自己所有）

サクリファイス、贈与における消尽と〈神的審級〉の授ける恩寵

原理的に、〈捧げ物を破壊する〉という祝祭が発生した由来や過程を考えると、以上のように思われる。

権利上は、捧げ物を破壊する祭りは、純粋に贈与しようとしているのであり、非生産的な消費（すなわち消尽）だと言ってよいだろう。しかし、そのことは、事実上、純粋な贈与であり、まったくの消尽（自己消失、自己犠牲）である、ということを意味するわけではない。

実際、贈与すること、消尽することには、それが純粋な贈与、贈与としての贈与であるためには、のり越えがたい難関《アポリア》があると思える。

そういう難関は、〈神的なもの〉の審級に関わるだろう。つまり贈与や消尽が、どうしても〈神的審級が存在する〉という信仰に基づいてしまうので、後に来る時になれば神の恩寵を授かるはずだ、という暗黙の期待を抱かせること、そして、そうした信仰、暗黙の期待を大きな前提にしてしまうのではないか、という点である。

供犠＝祝祭は、なによりもまず貴重な生産物としての羊を破壊する。つまり人間の労働によって直接的な自然――無媒介的な、与えられたままの生命存在――から引き出された制作品としての羊を破壊し、死に至らしめるのだが、どういうやり方で貴重な富を破壊するのかと言えば、それは、精霊たちや神々に贈るという仕方で、そうするのである（ただし、神的次元、神々の審級が太初からもともとそういうものとして存在していたというのではない。そうではなく、むしろ後からそう定まっていったのだろう。贈与（すなわち供犠＝祝祭）が必ず反復的＝模擬的に行われる部分を持つということを通じて、神的なものの次元が〈彼方の高み〉にある神々の審級として定まっていくのではないか。この点は、少しずつ、考えていきたい）。

そんな光栄ある、晴れがましい様式で、つまりなにも生産に役立たない仕方で破壊され、消費し尽くされることで初めて、〈事物〉化していた羊は、事物の位置する面から引き剥がされ、本来的な生命の輝きを取り戻す。言いかえれば、その〈自然〉状態における輝き、手つかずのままの、無傷なままの、なにも害されていない状態、いわば根源的自然《フユシス》――直接的＝無媒介的な状態――における生命の輝きを回復する。その無傷な、なにも害されていない光輝の回復は、それを見つめる者にとって、〈聖なるもの〉と感受されるだろう。死にゆく羊は、それを見つめる人々にとって、聖なるものと感じられるのだ。

だからまた、それと同時に、捧げ物である羊を破壊する者、贈与する者である人間も、まさに死んでゆく羊に同一化して、自ら〈死にゆく〉かのような、死に限りなく近づいていくような、不思議な感情・情緒、〈聖なる〉情念に貫かれる。深い連続性の感情に浸されつつ、事物への配慮・関心から解放され、あたかも〈至高である〉かのような輝きを回復するのである。

そして、そのように晴れがましい祝祭において――まさに祝祭として――消尽されることを通して、本来の生命力、自然的生命存在としての輝きを甦らせた羊は、次の世代も豊かに繁殖すると信じられるかもしれない。羊の豊饒な繁殖が信じられるかもしれない。ただし、注意すべきは、豊饒な繁殖というのは、供犠を行うこと――羊に本来の生命力を甦らせること――の結果であって、供犠の原因＝原動力ではない、という点である。

歴史的観点から見れば、豊饒の祈願という目的が浮き出す

それでも、歴史的な観点に立って遡行的なまなざしによって供犠＝祝祭を考察してみれば、豊饒や繁殖を祈願するとか感謝するという呪術的操作の側面がはっきりと浮き出す。そして、まるで供犠＝祝祭の要因であり、本質であるかのように優位に立つ、と思える。

実際、豊饒や繁殖は、農耕民、牧畜民にとってこのうえない恵みであるにちがいない。これほどの

恩恵がもたらされるのは、捧げ物を破壊し、消尽する祭りによってだが、なかでも捧げ物がそれに向かって贈与される神々、目的＝究極としての神々こそが、そんな恩恵を授けてくれる。そう信じられていくだろう。そうなればやがて、供犠《サクリファイス》は、そもそも最初から、本来的に、〈神的なものの審級〉に向かって〈犠牲の羊〉を捧げる祭儀であり、贈り物を受けた神は、後になれば、豊饒や繁殖という恩寵を授けてくれる、という信仰が当然のように成立するだろう。遡及的にそう確信されるにちがいない。

こうした信仰が確立し、まもなく慣習化し、氏族・部族共同体における祭儀として制度づけられると、供犠＝祝祭は、逆説的にも、広い意味でのエコノミー体制のうちに収まってしまう、と言える。純粋に贈与するということは、見たとおり、なにも生産に役立つことのない仕方で消尽すること、放棄する仕方で贈与することである。贈与を行う者に戻ることのない、まったくの放棄としての贈与になることとである。しかし、十分に制度づけられている供犠＝祝祭において、あらかじめ〈神的審級が存在する〉と前提にし、そういう神に目がけて犠牲を捧げること、そんなやり方で捧げ物を消失し、破壊し、放棄することは、純粋に消尽すること、留保なく使い尽くし、贈り物をすることにはならない。そうではなく、後に来る時になれば、必ず神から恩寵＝恩恵という返礼贈与を受け取るはずだと、暗黙のうちに期待していることになる。我知らずにせよ、期待しつつ、贈与することになる。しかも、こうした暗黙の期待が、贈与の純粋性を汚染していることには気づかないのである。というのも神的審級はもともと始原から〈エコノミーの回路〉をはるかに越え出た彼方にいる超越者、絶対者であり、そういう神的審級の恩寵を授かることはあたかも自然の摂理と同じであるかのように信じられるから。
サクリファイス、贈与は、発生論的に考えるならば、特異な瞬間における――すなわち、捧げ物である羊が破壊され、死にゆく瞬間、それと同時に贈与する人間もまた限りなく死に近づいてゆく瞬間における――激しい出来事であり、それ以外のなにものでもない。だがしかし、神的審級が存在することを前提にし、羊を死なせるのはその神に捧げ、神への贈り物として贈与するからだと定まってしまうと、そのように激しい出来事であることから少し変化するようになる。そして、やがて来るはずの時になれば必ず代償を得て報われる、どんな消失も必ず償われる、当然そう期待してよい、と十分信じられる。つまり、代償を期待する時間、代償が実現するのを待機する時間に結ばれる。言いかえれば、エコノミー的な時間に――そして、そういう時間に基づくエコノミー体制に――取り込まれる。

実のところ、サクリファイス、贈与は、もし純粋にそれとして考えられるとすれば、ただ、そうした通常の時間、この世界の時間、時計で測られる〈量〉としての時間が破れた、裂け目の時間においてのみ、かろうじて考えられるのではないだろうか。この点は、またあとで深めることにしたい。

贈与的次元を含む運動、それを打ち消す動き（再‐自己所有）

マリノフスキーが観察・報告し、モースが考察しているトロブリアンド諸島の人々も、また、北アメリカ西海岸の先住民たちも、大きく巨視的に見れば、神々（神的なものの審級）を信仰し、それを前提にして贈与しているのであり、贈与することで交流し、交易と物の移動を促進している。

彼らの習俗、慣習、社会性において観察される諸事実から推論するなら、こう考えられる。贈与することは、なによりもまず神々（や精霊たち）に贈与することである。神々とは、ごく初期の段階では、自然の諸力の化身としての生気、動物や穀物の霊魂、死者たちの霊、祖先の霊などが高められた〈至高な威力〉だと思える。自分たちが生命を持ち、存在しているのも、獲物・家畜や農作物のような糧《かて》を得るのも、また氏族・部族共同体が成り立って、持続し、存続しているのも、すべて神々のお蔭であり、賜り物――自然的に贈られた物――である。自分たちはもう既に、つねに恩恵を受けているのだから、そういう恩＝負債に必ず感謝し、報い、捧げ物を贈らねばならない。こうして、神々（や精霊たち）に贈与するのは、当然の義務だと感じられる。自分たちの生命、存在は、そもそも贈られたものであり、贈与の運動はいつからともなく、いつも、もう既に生じているのである。[2]

神々や精霊たちに贈与する義務を源流として、人間たちのあいだでの贈与、交流も考えられる。原初の社会における交流・交易は、基本的に個人対個人でなされるのではなく、氏族対氏族（もしくは部族対部族）で行われる。前に触れたとおり、Aという氏族共同体（それを代表する人間）は、自分たちが働いて、生産した物、保有する物を、Bという氏族共同体（それを代表する人間）に贈る。まず贈ることから始めて交流を開始する（ある時点のみに注目して見ると、そう思える）。

原初の社会では、〈所有〉という観念が近・現代とはかなり異なっている。私的所有という観念は希薄である。生活財も象徴財も、いわば神々や自然的威力から贈られたものであって、個人的な財というよりももっと共同的な富であり、個々の家族・親族――その一員である人間――はそれをいわば一時的に分かち持ち、使用しているだけである。氏族（部族）共同体の成り立ち、存続は、祖先（の霊たち）の遺産を相続したものであり、祖霊を介して神々に属していると信じられている。

氏族Aは、自分たちの産み出す物、所有する物を、古くからの習わしに応じて氏族Bに贈るのだが、Bの背後に――また、自分たちの背後にも――漠然と祖先の霊たちを見ており、基本的に言えば、祖霊に――そして精霊たちや神々に――贈っているのと違うこととは考えられていないだろう。これらの要素を総体的に配して考えると、受け取る義務、返す義務は、実のところ、与える義務、すなわち贈る義務と別のこととは思われていないと考えられる。受け取り、返すということは、贈り、与えているのである。そして、贈与しているのは、返している。いつも――もう既に――起こっている贈与に対応し、応答している。いつからとも起源はわからないままに、もう既に、つねに贈与の運動（給付と反対給付の運動、贈与と返礼贈与の運動）は反復的に起こっている。ほとんど意識されていないまま、暗黙のうちにそう前提にされている。それゆえ、外部から来た観察者が見ると、〈最初に〉与えているように見えても、それは、いつも、もう既に受け取ったものに対して返しているのである。また、返しているように見えても、それは運動の外側にいる者にとってそう見えるのであり、つねに、そしてもう既に運動に参入している当事者にとっては、それが贈与していることなのである。こうした点で、原初から古代の〈贈与による交流・交易〉という社会性は、たしかに近・現代資本主義社会では見えなくなってしまった多くの、熟考すべきテーマを秘めている。

人間と人間の交流は、けっして等価なものの交換という、限定されたエコノミー的活動に閉じ込められてきたわけではないのだ。

ただし、このような贈与的次元を含む運動がほとんど必然的に〈神的審級の存在〉を信仰してしまうことはしっかりと考慮に入れておかなければならない。贈与による交流は、たしかにある角度から、ある時点において見れば、等価交換に服さない気前のよさや雅量、一方的な好意、善意を含むこともありうると思える。だがしかし、そういう贈与的次元を持つふるまいはすぐにたんなる慣習となり、制度化しやすいのであり、贈与は〈後に来る時への期待〉を無意識のうちに含む時間、代償を得て報われることを、意識しないまま予期し、見込む時間、つまりエコノミー的な時間の枠内に取り込まれやすい。言いかえれば、贈与という外観を持つ交換にほかならない様態へと変質しやすい。しかも、それに無自覚なままになりがちである。このことも、十分に銘記しておかなければならない。

ほとんどの場合、贈与する者は、償いを期待し、待機する時間を、すなわち贈与することで喪失したものの埋め合わせがもたらされるはずの時間を信じてしまう。つまり、そういうエコノミー的な時間のことを、〈時間とはまさにそういうものだ〉と考えてしまう。

だからいま〈貴重な固有のもの〉を手放しても、後に来るはずの時になれば、それに匹敵するものを再び私＝自己に結びつけ、再‐自己所有できる、すなわち再‐固有化できると――意図的に、ではないにしても、無意識的なままに――期待して贈与する。

いま自己（の貴重な部分）を消失し、消尽しても、やがてそれに到達できるだろう、また自らに結びつけ、所有化し、再‐固有化して、全体性を回復できるはずだ、という〈期待〉に支えられて初めて、贈与される。それゆえ贈与は開かれると同時に、そんな期待の観念――暗黙の期待であるが、すぐに慣習化され、心的習性となる期待の観念――によって制限される。厳しい口調で言うなら、そういう贈与は、持続の軸に沿った〈延期された回収〉に帰着してしまう。消尽の激しさではなく、再‐

固有化の運動、再び自己に結びつけ、自己所有する運動になってしまう。

贈与的次元を含む正しさおよび友愛――福音書におけるイエスの言葉

祭儀として慣習化され、規則づけられて制度化されたサクリファイス（供犠、あるいは自己犠牲的、贈与的ふるまい）においては、自分にとって貴重なもの、固有なものをいったん手放し、他の者に与えたとしても、やがて後に来る時になると、迂回路をたどったあとで、必ずそれを回収し、再び自己所有できる――暗黙のうちにそう期待して、初めて、贈与は行われるようになる。

それと同じように、やがて後になれば、感謝され、償われ、報われるだろうと――意識的にせよ、意識しないままにせよ――期待して初めて〈正しくふるまう〉というのは、いわばエコノミー的時間のうちに回収される正義である。

前に触れたように、イエスの言葉は、そうした期待の時間、償いを待機する時間の枠組みのなかに収まる正義＝正しさを破ろうとしている。福音書において、イエスは、現世的な、地上的な報酬を断念せよ、犠牲《サクリファイス》にせよ、と主張する。ただし、もっと気高い報いを天上で受けられるだろうと〈約束〉してもいる。「密かなところに見ている父は報い給おう」と語られている。

報復、復讐という相互性＝対称性を断ち切ろうとして、福音書におけるイエスはこう言う。

あなたがたが聞いたように、こう言われている、「眼には眼を、歯には歯を」と。しかし私はあなたがたに言う、悪人に逆らうな。あなたの右の頬を打つ者には、他の頬をも向けよ。（「マタ

イによる福音書」五・三八—三九）

さらには、通念的な友と敵の区別や友愛の観念を問い直し、対称的ではない愛を説いている。

あなたがたが聞いたように、こう言われている、「隣人を愛し、敵を憎め」と。しかし私はあなたがたに言う、「敵を愛し、迫害者のために祈れ」と。かくてこそ、天にいますあなたがたの父の子らになれよう。父は悪人にも善人にも日をのぼらせ、義なる人にも不正な人にも雨を降らせ給う。自分を愛する者を愛したとて、なんの報酬を得よう。取税人さえもそれくらいはするではないか。あなたがたの兄弟にだけ挨拶したとて、なんの格別のことをしたのか。異教徒さえも、それくらいはするではないか。（同書、五・四三—四七）

福音書の言葉が主張するのは、友人を愛するという通常の愛ではなく、留保なく愛を贈与することである。もし〈愛してくれる〉から〈愛する〉というように対称的な相互性の尺度にとどまるならば、なにも贈与することはないだろう。どんな愛も与えないだろう。私が他者を愛すること、愛を与えるということ。もしそういう愛がなにかしら報われることを予想しているならば、すなわち自分の愛に応じた他者の愛を受け取ることを暗黙のうちにせよ考慮に入れているならば、どうだろうか。

それは、ある報酬を予測し、やがて来るはずの時になればそれを所有できるだろう、自己に結びつけられるだろうと見込んでいることになる。するとそれは、〈留保なく与える〉のではなく、〈貸したものを返してもらう〉ことに似てしまう。そういう愛は、当然与えるべきものを与え、得るべきものを受け取るという観念から外れたところがほとんどない。

　もしこういう相互性の観念を超えてその彼方まで行くとすれば、どうあらねばならないのか。福音書の思想によれば、自分を愛する者だけを愛すのではなく、自分を愛さない者を愛さねばならない。「自分の兄弟」ではない者たち、親族・一族・同じ種族・同じ信念を抱き、同じ神を信仰している共同体の成員ではない者たち、自分を迫害する者、「敵」である者たちに「挨拶」し、彼らを愛さねばならない。すなわちなんらかの報酬を予測することなしに、なにも計算することなしに愛を与えねばならない。そういう贈与は、自分（にとって最も貴重なもの）を捧げること、犠牲《サクリファイス》にすることを伴うにもかかわらず、そうすべきなのである。[3]

　そういうとき、福音書の主張によれば、ひとは凡庸な報酬ではなく、もっと高い報いを希望できる。交易や商業における報酬、交換による報酬ではなくて、掛け金や出資、投資などとは無関係の報い、ある種の絶対的な剰余価値である報いを希望できるだろう。現世的な利害を超えたサクリファイスによって――あるいは埋め合わせのない贈与によって――、この地上において、ではなく、天上の王国において得られる気高い報いを希望してよい。

　福音書はこのとき、「密かなところに見ている父」の評価にまかせよと言う。父の報いもまた一種の報酬には違いないが、しかし人間たちにとっては測りえない、計算しえない報いである。そういう報いのみを希望せよ、と告げる。

　だからこそ「密かなところに見ている父は報い給おう」という言い回しは、『新約聖書』において重いものである。正義を行うこと、留保なく友（隣人）を愛することは、隠されており、秘密のうちになされることである。外からは見えない、密かな内面である。その秘密は〈神〉にしか見えないだろう。

〈贈与としての贈与〉の難しさ、その不可能性

『新約聖書』の思想の核心によれば、神との内的関係において義と認められることが肝要とされる。その時代と社会で施行されている法を遵守すること、大祭司や律法学者が認定し、人々がみな守っている律法に従うこと、適法であることが〈正しいこと〉なのではなく、神との内的関係において義とされることのみが正しいのである。

神との直接的な関係は外側にはなく、密かな内面における関わりである。正義を行うことは、現実の社会、実際の生活のなかでは評価されない。評価されることを求めてはならない。もっぱら秘密のうちに価値づけられるものである。

それゆえ正義を行うことは、密かな内面があるという信念に結ばれている。自分のうちには、空間的外部（対象《オブジェ》＝客体として捉えることのできる外部）に対比される内部とは違う、もっと異なる内面、つまりどうしても――真には――対象化して捉えることができないような内面がある、光のうちに見ることができないのはむろんのこと、言葉として言い表すことも困難で、ありえないような内面、かろうじて喩え、隠喩によって暗示的にのみ示唆しうる内面がある、そして神はそういう内面の証人である、という信念に結ばれている。

初期キリスト教はこの秘密の内面に、そしてそれを証言する神に呼びかけ、証人になるよう訴えかけつつ、自己犠牲《サクリファイス》を伴うような正しさや愛（隣人愛、友愛）を実行するよう呼びかける。そして、地上的な報酬を断念せよ、現世のエコノミーを犠牲にせよ、と要請する。そうすることで、純粋な贈与の次元を開こうとし、大きな愛と正義をもたらそうとする。

たとえば、見たとおり、友（自分を愛す者）を愛するだけではなく、自分を憎む者を、敵をも愛するように、という贈与的次元を持つ愛、自己犠牲的な面を持つ愛を説く。

あなたがたが聞いたように、こう言われている、「隣人を愛し、敵を憎め」と。しかし私はあなたがたに言う、「敵を愛し、迫害者のために祈れ」と。かくてこそ、天にいますあなたがたの父の子らになれよう。〔…〕自分を愛する者を愛したとて、なんの報酬を得よう。（「マタイによる福音書」五・四三―四六）

ただし、初期キリスト教は、そうやって現実社会のエコノミーを犠牲にするおかげで、もっと気高い報酬、測りえない、計算しえない報い、密かに見ている父の報いを希望できると約束してもいる。こうした報いは地上的な報い、現実的で、計算されるような報いではない。計算しようのない、人知を超えているような報いである。報酬とは言えないような報いである。必ずしもエコノミー的な時間に服さず、エコノミー的体制に含まれないような、ほとんど非エコノミーであるような報いだろう。

それでも、きわめて厳しい口振りを取るなら、こう言うこともできる。キリスト教的な正義や愛は、たしかに贈与的次元を含んでおり、いったんエコノミーの円環的回路を破るが、しかしその破れたエコノミーの回路を、いわば天上への希望＝期待において再建する。するとそれはたしかにサクリファイスであり、贈与であるけれども、ある別の次元で、すなわちひとえに心的、精神的な次元で償われるサクリファイス、贈与である。贈与的次元を持つ正義や愛はたしかに自らの貴重なものを断念して与えるが、しかし後に来る時になれば、来たるべき神の国において報われると希望されており、まったく純粋な贈与――贈与としての贈与――としては貫徹しない。どうしても両義的になるだろう。こうした曖昧な両義性は、それを避けようとしても、避けて通ることの難しいものである。

こんな難しさは、見たように、原初の社会（未開社会）における贈与的な行動＝ふるまいにおいても読み取れる。さきほど触れたとおり、未開社会の人々の宗教的な経験において、とくに過激な、極端な贈与である〈ポトラッチ〉のような経験においても、のり越えることが難しいところ、通り抜ける道のない難関《アポリア》がある。ここで、もう一度考察して深めてみたい。

ポトラッチに潜む両義性

北西アメリカの先住民たちが遂行するポトラッチは、常識的な意味で〈贈り物をする〉という形態だけではない。自分が産み出し、所有する富や財を、これ見よがしに、相手の眼の前で〈破壊する〉ことによっても、他なる人（他の氏族・部族）に負債＝負い目の感情を抱かせる形態がある。眼の前で〈富の破壊〉を誇示された人間（氏族・部族）は、こんどは自分が所有する大切な富をもっと盛大に破壊することで対抗しようとする。つまり、対抗的な仕方で返礼しようとする。

それゆえ〈自己消失へと傾いた動き、すなわち自らの所有する富を消尽する傾向〉は、不思議なやり方で相手の側に疎通し、伝わって、つまりコミュニケートされて、受け継がれていく。こういう過激なポトラッチは、通常の経済活動のサイクル、すなわち生産中心主義的エコノミーの回路——産み出された産物を流通させるときも、消費するときも、なによりもまず再生産にとって有益であり、有利になる仕方で流通・交換、消費が実行される回路——を脅かしかねない危険性を孕んでいる。

けれども、両義的な曖昧さは免れない。自分が産み出し、所有する貴重な富を破壊するというのは、その時点だけを見れば、自己を（その大切な部分を）失い、自らを危険な戯れ＝賭けに巻き込むことだ。有用性がつながる円環のうちにとどまるはずだった富を、そこから引き剝がし、再生産には役立たない仕方で濫費し、消尽することである。

だからポトラッチのような〈富の破壊〉は、〈労働が結晶した作品＝生産物としての事物《ショーズ》〉を否定する、という意味あいを持つことになりうる。また、ひいては〈労働する者＝生産する者としての自己〉をのり越えようとすることにもなりうるだろう。それゆえ自分の〈富〉に執着せず、むしろ軽蔑し、その軽蔑を誇示する仕方で破壊する者は、たしかに一方では至高性をおびており、自己所有をのり越えている。ポトラッチは、相互性や対称性とはかけ離れた、無償の放棄であり、純粋な贈与、留保なき消尽に近づいているように見える。しかし両義性はつきまとう。

なるほど物質としての富は破壊されるかもしれない。だが、その代わりに破壊する者は、威信を身にまとう。あたかも〈至高であるかのごときなにか〉という心的、精神的な反対給付を受け取り、身におび、償われることになる。贈与者は自分の富を、なにほどのこともないと軽蔑し、その軽蔑を見せびらかすように破壊する。だがそうやって放棄する力、否定する力、その破壊そのものを、まるで精神的な優位、威信、高貴さであるかのように自己に結びつける。高貴な者、気高い者という尊敬を受ける。そして社会的階層のなかで、より高い序列、地位を手に入れることになる。

バタイユは、こう書いている。

> 贈与はそれを行う主体をのり越える力《ヴェルチュ》を持つが、しかしそうやって贈られた物と引き換えにする仕方で、主体はそうしたのり越えを我が物として身につける。つまり贈与する主体は、そういう自らの力《ヴェルチュ》、自分にそうする力があったことを、あたかも自らの富のようにみなす。いまや自分に属している能力《プーヴォワール》のようにみなすのである。彼は、富を軽蔑して放棄したが、まさにその富の軽蔑によって豊かになるのだ。(Bataille 1949 (1976), p. 72／一〇五頁)

たしかに富は濫費され、生産に役立つことのない仕方で消失される。だがその濫費そのもの、消失そのものが〈領有〉の対象に変えられ、獲得され、回収される。〈事物《ショーズ》〉たちの秩序を否定することは、たしかに〈至高性をおびている〉ふるまいだが、そういう否定（というふるまい）を、自分にとって有益な威信や威光をもたらす肯定的なものに変える、すなわち、有用な肯定性に変える。それゆえ、従属性に、再び〈事物〉性に変えてしまう。過激なポトラッチでさえ、贈与が純粋に贈与として起こる、贈与としての贈与へと定まる、ということはなく、非‐贈与になり、交換に変わる側面を併せ持っている。曖昧さ、両義性をつねに潜在させている。ポトラッチもまた、限定されたエコノミーの円環を超えて、その限界から溢れ出すのは至難のわざであり、困難きわまりないのだ。ここには、のり越えがたい、通り抜ける道のない難関《アポリア》があるのではないか。

いま述べたとおり、贈与にはアポリアをなす部分、そこを超えて通り抜けることがありえないほど難しいところがあるのではないだろうか。そうすると、贈与は——真に純粋な贈与としては——考えようのないこと、ありえない、不可能なものなのだろうか。

たしかに純粋な贈与（贈与としての贈与）は、ある意味では、また、ある水準においてのみ見れば、ありえない、不可能なものと言ってもよいだろう。だが、それにもかかわらず、贈与的であることと、贈与的次元を持つことが、かろうじてにせよ、考えられる瞬間があるかもしれない。そういう特異な瞬間のことを熟考してみよう。

第Ⅳ章 贈与をめぐる思索

1　贈与的なふるまい――〈不可能なもの〉との関わり

贈与的であることは特異な瞬間に考えうるかもしれないが、しかし不可能なもののままである

原初から古代の供犠《サクリファイス》について、さらには初期キリスト教における〈イエスの受難（イエスの広大な愛の贈与による、自己犠牲的な死および復活）〉について、それがどこまで贈与的でありうるのか、という観点からもう一度考えてみよう。また、このイエスの受難を、あるやり方で前触れのように予告している、「創世記」（『旧約聖書』）に記された「イサク奉献」の挿話――神の呼びかけを聴いたアブラハムが、妻のサラや家人たちには何も言わず、黙したまま、唯一の息子イサクをモーリア山に連れていき、ホロコーストに捧げようとするが、刃がまさに心臓を貫こうとする最後の瞬間、神の意志を伝える天使に止められて、イサクは救われ、代わりに雄羊が殺されて捧げられるという挿話――をよく読んでみよう。

すると、供犠（その自己犠牲的な面）――自らに固有な、貴重なもの、最愛のものをあえて犠牲にし、死なせること――、そして贈与――自らにとって最も大切な、大事なものを手放し、見返りもなしに捧げ、放棄すること――は、きわめて特異な瞬間における激しい出来事であることが浮かび上がる。すなわち、捧げ物＝贈り物である羊が破壊され、死にゆく瞬間、そして、それと同時に捧げる人間＝贈与する人間もまた限りなく死に近づいてゆく瞬間に結ばれており、そういう瞬間における激しい出来事である、と――むろん、漠然としたやり方で――原初・古代の人々によっても、受け止められていたと思われる。

こういう特異な瞬間は、捧げる人間＝贈与する人間が、破壊される羊、死にゆく羊に惹き込まれ、ほとんど同一化しつつ、自らもまた限りなく死に近づいてゆく瞬間である。そうした特異な瞬間には、ひとはもう通常の時間、この世界の時間、時計で測られる〈量〉としての時間のうちには存在しない。通常の時間《クロノス》の関節が外れたような、奇異な時間性を生きる。つまり、この世界の時間が破れた、裂け目の時間に存在している。こうした裂け目の時間においてのみ、おそらく贈与、サクリファイスは、あいかわらずありえないもの、不可能なものではあるが、かろうじて考えうるもの、起こりうるものになるのではないだろうか。むろん、起こりうるとしても、ひとえに〈起こるとは言えないままに起こる〉だけだろうが。

十字架上の〈受難〉という出来事にも同様な面がある。神の子であり、「人の子」であるイエスが、無辜《むこ》なままに罪をきせられ、聖なる血を流して死んでゆく出来事。パウロの解釈、教えによれば、それはイエスの大きな愛の贈与であり、あらゆる人間の罪や穢れや失墜を贖《あがな》う、無償の愛による自己犠牲《サクリファイス》である。このうえなく大きな愛を贈与することであり、また、気高い生命と肉体を犠牲にして捧げることである。こうしたサクリファイス、贈与（そして、それに結ばれている、すべての人間の救済）。それらは、特異な瞬間――時間《クロノス》の裂け目の時間――において初めて、かろうじてにせよ、考えられるものになると思われる。しかし、仮に、かろうじて考えられるもの、起こりうるものになるとしても、それは、なにかしら可能なものになるという意味ではない。贈与は――贈与としての贈与、真に純粋な贈与は——やはり不可能なものだろう。ありえないことであり、あいかわらず不可能なもののままである。

供犠＝祝祭は明晰な自己意識と相容れない部分を秘めている

バタイユは、前に見たとおり、供犠《サクリファイス》にとって本質的なのは「殺害すること」ではなく、「贈与すること」であり、「放棄すること」であると書いているが、その少しあとで、供犠（およびそれと一体になっている祝祭）は「本来的に不可能なものである」とも言っている。

> 祝祭がいま現に何であるかについての——つまり、祝祭がその奔騰の瞬間において何であるかについての——明晰な意識はありえない。そして、祝祭が判明に区切られた様態で意識のうちに位置づけられるのは、ただ共同体の持続のなかに取り込まれ、合体したときだけである。祝祭（燃え上がらせる供犠、そしてその激しい燃焼）の意識的な在りようとは、このようなものである（つまり祝祭は、それ自身、祝祭が持続することを妨げる共同的な事物の、その持続に服従している）。だがこのことは、祝祭の本来的な不可能性と、明晰な意識に結びつけられた人間の限界をよく示すものである。（Bataille 1973 (1976), p. 315／七三頁）

明晰な意識としての人間は、捧げ物＝贈り物である羊を死に至らしめる、まさにその瞬間、すなわち供犠に没入している瞬間に、供犠＝祝祭が〈いま現に何であるか〉を、判明に区切って捉えるのはきわめて難しい。たんに難しいというだけでなく、原理的に言って、超えられない限界《リミット》がある。〈明晰な自己意識〉としての人間。すなわち明晰に〈自己を意識している人間〉とは、ヘーゲル的観点によれば、自らの死を意識しており、そしてその死の意識を自分の最も固有な、本来の可能性として捉えることを通して、はっきりと〈自己意識〉として存在する者である。与えられたままの自然（人間が人間化する以前の根源的自然《フュシス》、すなわち直接性＝無媒介性）を拒んで否定する能力、間接性＝媒介性（つまり、記号性）に関わる能力を持ち、自己（私、主観＝主体、内部）がはっきりと対象（客体、外部、自分とは異なる、他のもの）を区切って捉え、言語的に言い表すことができると思っている。近・現代の思想にとって、〈人間〉とはそういうものである。人間性（人類）という語が意味することは、明晰な〈自己＝私の意識〉であり、定立された主体であって、ロゴス的な能力としての人間、つまり理に適って思考し、ふるまうことができ、言葉（という記号《しるし》あるいはシンボル）をあやつることができる能力、言述することのできる能力としての人間である。

だが、供犠＝祝祭に深く没入している瞬間には、人間は「人間」のままとどまってはいない。主体の定立性は中断され、私‐の‐外が開かれ、ひとはそこに宙吊りになっている。もっと具体的に言うと、ひとは内奥から湧き上がる激しい力に貫かれる。パッションの奔出に運ばれつつ、意識は極度に昂揚し、朦朧となっている。それが、供犠＝祝祭が奔騰し、激発するための条件になっている。

供犠＝祝祭のような出来事は現在としてのみは経験されない

もう少し詳しく言ってみよう。供犠＝祝祭というのは、自分が労働して生産した貴重な産物である羊を、何にも役立たない無益な仕方、ただ神の栄光にのみあずかる光輝ある仕方で死なせ、破壊する祭りであり、ある角度から見れば、一種の侵犯だと言える。つまり、人間が働いて作業をし、食べ物や衣類などを生産する活動を行う世界、言いかえれば俗なる活動を実行する世界を中断し、一時的にせよ停止させる侵犯である。事物たち《ショーズ》（もともとは自然的所与であるけれども、人間が手を加え、加工し、作り変えた生産物たちが——そして、ある意味で、動作主であり、主体である人間自身も——そうなる事物たち）が中心的役割を演じる世界を——より正確に言えば、そういう世界が安定して続いていくように保全し、支える禁止＝法を——破って、中断する侵犯なのである。

供犠＝祝祭が奔騰し、激発するためには、生産活動が安定して実行され、事物たちが中心になっている世界を——その世界を守り、支えている禁止を——破って、中断する侵犯が、まさしくそういう激烈さ《ヴァイオレンス》として起こらなければならない。そして、そんな侵犯という激烈さ＝暴力性が生起することの不可欠な条件となっているのは、ひとが内奥から湧き上がる激しい力に貫かれ、パッションの奔出に運ばれることである。そして、意識が極限的なまでに昂揚しつつ、朦朧となっていることである。つまり意識はもはや〈明晰な意識〉ではありえず、供犠＝祝祭が〈いま現に何であるか〉ということを判明に区切って捉えること、対象化して確実に認識することは不可能なのだ。認識することの不可能な何かが残るのである。

〈私〉の定まった位置づけが破られなければ、捧げ物（生産された貴重なもの）を破壊する仕方——つまり、私にとっては、無化し、放棄する仕方——で贈与する、という祭りは起こらない。〈私が判明に対象を区切って捉える、そして言い表す〉という知の枠組みに亀裂が生じるのでなければ、供犠

＝祝祭は、すなわち留保のない消尽を促す力の奔出、（禁止を）侵犯する力の激しい噴出は、生起しない。

供犠＝祝祭という破壊的な戯れ――労働および生産活動の真面目さを超えて、それを中断する戯れ――の動き。捧げ物を破壊する仕方で贈与する動き。全的に使い尽くし、何の役にも立たない仕方、消尽する仕方で贈与する動き。また、それに結ばれた〈聖なる〉情感・情念の奔出。そういう動きを促進する侵犯の激烈さ。それらは、明晰な意識と相容れない部分を秘めている。そうした力の高まり、その激しい噴出は、現在において〈私へと現前するもの〉としては生きられない部分をつねに隠し持っている。主体がそれを対象として、現在的な把握によって捕捉し、客観化して認識し、了解して言い表す、ということが不可能な領域を含んでいる。私はそれを真に認識し、十分に知り尽くすということが、どうしてもできないのである。

つまりサクリファイス、贈与のような出来事は、現在としてのみは経験されない。どうしても〈私へと真に現前するもの〉としては生きられない部分を含んでいる。言いかえれば、サクリファイス、贈与には、現前性として生きられる可能性をいつも捉え損なう仕方、見失う仕方でしか経験されない面があり、そういう面が必ず内包されている。主体がそれをはっきりと区切って、明確な対象として捕捉し、判明に知り、了解して言述する、ということが不可能な部分を潜在させている。それゆえ、〈知〉の運動がとどく範囲やその次元のみには収まらない。いかにしても〈それとして〉判明に区切って認識しえない部分、非‐知のままとどまる部分をうちに秘めている。

歴史的な流れを少し振り返ると、原初から古代の人々はこうした非‐知の部分に神秘的な力が宿っていると感じ取っていた、と思える。そして、人々は、そうした神秘的力を含めて、神の偉大さ、神聖なる神の無限な力と、その加護、恩寵を信仰してきた。やがて来るはずの時になれば、神は必ず大きな力と恩寵を示してくれるにちがいない。そう信じられた。

それゆえ、サクリファイス、贈与は、歴史的に見れば、原初から古代の社会において、すぐに宗教儀礼的な慣習となり、制度化され、その共同体（そして、その社会）が持続し、存続していくために大切な、きわめて重要な祭儀となっていった。

つまり、供犠＝祝祭や贈与は、一方では、〈共同体〉（氏族的・部族的な共同体、あるいは種族・民族的な社会・共同体）が持続していくために必要な祭りであって、主要な産物である羊や小麦、稲などに、その本来の、旺盛な生命力・繁殖力を回復させてやる祭儀であり、必ず豊饒をもたらすはずの、有益な「自己犠牲」である、とみなされるようになる。また、いま貴重な生産物を無益な仕方で贈与し、放棄したとしても、後に来る時になれば、神の加護・恩寵のおかげで大いに報われ、償われる「贈与」である、とみなされていく。そういう仕方で、はっきりと制度づけられていくだろう。言いかえると、前に触れたとおり、供犠＝祝祭は、そもそも最初から、本来的に、〈神的なものの審級〉に向かって〈犠牲の羊〉を捧げる——贈与する——祭礼である、そして、贈り物を受けた神は必ず、後に来る時になれば、豊饒や繁殖という恩寵を授けてくれる、という信仰が当然のように確立される。

大きな道筋としてはそう言ってもよいだろう。

だがしかし、例外的な場合も存続したにちがいない。他方では、供犠＝祝祭、贈与は、聖と俗の交代が確実に定まっている祭礼（周期的な、年中行事的な祭儀）としてのみ存在している、とは言いきれない。真に判明に認識できる対象であり、客観的に理解可能なものとしてのみ存在する、とはけっして断定できない。

サクリファイス、贈与は、その本質的な在りようを探れば、それが展開していく行程がはっきりと決められている祭礼・祭儀である、という枠組みのうちにおさまりきらない。あくまで予期せぬものを含む出来事的なものであり、必ずしもプログラムどおりに起こるとは限らない面を持つ。本質的には、そういう面も秘めている。

サクリファイス、贈与の経験は〈死ぬこと〉の経験と類比的である

こうした点を、さらに深く追求してみよう。見たとおり、贈与、サクリファイスという出来事には、現在において真に——私の意識へと——現前するものとして生きられる可能性を、いつも取り逃がすやり方でのみ経験される部分がある。そして、そういう部分をつねに含んでいる様態において初めて、贈与、サクリファイスは生起する。つまり〈私〉がそれを、たしかに自らの対象として判明に区切って捉え、確実に認識し、了解しつつ語る、ということが不可能な部分を秘めているものとしてしか起こらない。いわば〈私に——私の意識に、現在的に——起こること〉のありえない部分や側面を含んでいる出来事としてのみ、経験されるのである。

それはどういうことだろうか。それはつまり、贈与的出来事、供犠的出来事を生きるとき、私はその激しい出来事を〈真に自分が生きる経験として生き、そして全的に生き尽くして、経験し終わる〉

ことがない、ということではないだろうか。私は、自分がその激しい出来事を真に主導権《イニシアティヴ》を持って生きた、全的に経験し尽くした、自らの生きる経験として完了した、と言うことは不可能なのだ。言いかえれば、贈与、サクリファイスのような出来事には、私が生きる経験として完了すること——経験し終わること——がありえない、過剰な、超過した部分、だから、いつも事後的に再来するもの——回帰してくるもの——として、反復的に生きられる部分が潜んでいるのではないだろうか。

そういう出来事に関係する私は、その出来事を経験し終わって、関係を完了し、無関係になる、ということはありえない。そうではなく、私はその出来事と関係し続けるのであり、いつまでもこの出来事の経験のうちにとどまるのである。すなわち、こうした贈与、サクリファイスのような出来事は、真に経験されて完了するということがありえないまま、限りなく反復して関係し続けるほかない部分を含んでいるのではないか。

そのように贈与、サクリファイスが、〈私に——私の意識の現在に——起こること〉のありえない部分や側面を含んでいる出来事としてのみ経験される、ということ。それはちょうど死ぬことの経験に類比的なのである。

死ぬことの経験という特異な〈経験〉を、簡潔に掘り下げてみよう。

G・W・F・ヘーゲル（一七七〇—一八三一年）が『精神現象学』（一八〇七年）の「序論」で洞察したように、そしてハイデガーが『存在と時間』（一九二七年）で再確認しているように、死はたしかに人間の可能性になる。それも最も本来的な可能性になるだろう。[1] 人間は死を正面から見つめることによって初めて「人間」になる。「精神の生」として目覚めるのである。死は最も恐るべきものであり、それに耐えるのは最も大きな力を要することであるが、「精神」は〈無になること〉から目をそらさず、それに耐える。〈無になること〉のすぐ間近にずっととどまり、〈無〉を自らのうちに維持することによって、内面化し、イデア（理念＝観念）化する。いわば無という力、〈無にする力〉に変える。否定する能力と作用に作り変える。「切り離す」という力にする。すなわち悟性＝知性の力にするのだ。

ヘーゲルにおいては、死はみごとに甦る、と言える。死の恐るべき力は、深く精神に刻まれて、否定性の能力・作用として甦る。

そうして人間は〈死をうちに宿した生〉となる。死に由来する力――〈無〉の力――が甦って生きるものこそ、「人間」である。所与のままの自然（その一部である自分）に向かって〈否《ノン》〉を言える人間、つまり直接性＝無媒介性を拒み、否定する能力としての人間である。それが、主体＝主観としての人間なのである。ヘーゲルは、こう言っていた。

> 精神は、否定的なものを正面から見すえ、そのすぐ間近に滞在するからこそ、そういう力になるのである。こうした滞在をずっと続けることが、まさに〈否定的なもの《ネガティヴ》〉を存在に転換する、驚くべき力になる。そして〔精神の〕この力は、以前に主体と呼んだものと同じなのである。
> (Hegel 1977, tome 1, p. 29／三二頁)

ヘーゲル

人間は〈自己の意識〉となり、主体として定立される道に入る。つまり客体＝対象とは切り離され、区別された主観として確立されていく。そして、所与の自然を否定する仕方で対象化し、手を加え、加工して〈世界〉へと変える活動・行動を遂行するようになる。

こうして、ヘーゲル哲学において、死を意識し、死と関係することは、〈真に甦る死との関係〉である。言いかえると、〈私に起こる〉死、私が可能性として捕捉する死との関係と言ってもよい。つまり私がそれに到達し、ついに否定の力へと、否定性の能力へと転換する死との関係である。弁証法の運動としてみごとに再生する死との関係である。この関係は、〈可能性の関係〉と呼べるだろう。

しかし死との関係は、一元的に可能性の関係に収斂することはない。死ぬことは、むしろどうしても解消しえない両義性としてあるのではないだろうか。

たしかに一方から言えば〈私に起こる〉ことであり、他ならぬ私にしか起こらないことである。が、しかし他方から言えば私とは関係しないことである。私に起こることがありえない出来事でもある。私に起こることが不可能な次元、〈パーソナルなもの〉にはならない次元、非個人的なままとどまる次元、私にとって絶対的に他なるものとなる次元を含んでいる。

死に近づいてゆく私がそこに入っていく時間とは、どのような時間なのだろうか。それは、日常の時間、この世界の時間ではない。そうではなく、時間の裂け目の時間、いわば「関節の外れた時間」（『ハムレット』）である。この実際の世界、つまり私が日常的に事物《ショーズ》たちと協調し、折り合いつつ暮らしている世界において、私は〈死すべき存在〉であり、死はいつも——私がそう気づいていようといまいと――能力をふるい、働いている。否定性の力として私のうちにある。しかし死に近づいてゆく私はこの世界を離れ、それゆえ奇妙なことに死も離れてしまう。

死は世界のうちでしか死ではなく、人間はまさに人間である限りで死を知る。だが死にゆくことは世界を――また世界の時間を――砕いてしまい、〈人間〉を壊してしまう。だからまた死を〈死〉ではなくしてしまうこと、私にとって死を死たらしめていたものを失うことでもある。モーリス・ブランショ（一九〇七―二〇〇三年）が「文学と死への権利」（一九四九年）で指摘するとおり、死にゆく私は〈死すべき存在〉であるのを止め、もはや私は死ぬことができない。私として死ぬ能力から失墜している。それは死ではない。むしろ死ぬことの不可能性（としての死）である。〈私は死ぬ〉ということが不可能であり、死の切迫のうちにとどまって近づいてゆきつつ、死に到達しないままとなる（ブランショ「文学と死への権利」（『火の部分』）を参照されたい（Blanchot 1949, pp. 315-320／五五頁））。

私が死に向かい、どれほど接近していったとしても、ただ限りなく近づいていくだけであって、ついに私は死そのものと――現前的に――出会うことはない。現在として死を経験することはできない。私の意識の現在において、まさに私へと真に現前するものとしては生きられない。ここに死ぬことの――そういう特異な出来事の――経験の、比類のない独特さがある。

死ぬこと、それは死にゆくことであり、つまりは死に近づいてゆくことである。そして、死に近づいてゆくことは、私がその〈近づくこと〉を、それとして経験し終わる、ということがありえない、きわめて特異な出来事なのだ。私が近づいてゆきつつ、死そのものに到達できないまま、その切迫のうちにとどまり、いつまでも経験し続けるほかない出来事である。

死と関係するということは、私にとってまったく異なる他者、絶対的に他なるものに関わるということであり、関係し終わることは不可能であって、その関係を無限に終わることなく再開始してやまない、ということである。

こうした死との関係がそうであるように、真の現前性《プレザンス》の関係になることを絶えずかわしてずれ動いてやまない関係は、〈不可能性という関係〉だと言えるだろう。

2 贈与、サクリファイスと模擬性＝反復性

贈与のような出来事の経験にはひとえに模擬的、反復的に生きられる部分がある

死ぬこと、すなわち死に近づいてゆくという奇異な出来事は、私が真の死に近づけば近づくほど、それだけいっそうそこから遠ざかってゆく。だから私はまた再びそこに向かって近づいていくほかない。無限に終わることなく近づくことを反復するほかない。

それと類比される仕方で、贈与、サクリファイスのような出来事は、ひとえに反復的に生きられる以外ない何かを秘め、内包している。

言いかえれば、贈与、サクリファイスのような出来事の経験は、ちょうど死そのものに接近していく経験と類比的に、真実としては——真の現前性という様態としては——経験されることのありえない何かを含みつつ経験される。そして、まさにその程度に応じてどうしても模擬的＝反復的に生きら

れる――その意味で、虚構的に生きられる――部分を持つ。

そしてそういう部分は、別の言い方をすれば、いつも事後的に再来してくるような部分、絶えず反復的に生きられる部分となっているだろう。このように〈模擬性＝反復性とともに〉生きられること――それも、初め（ではない初め）から模擬的＝反復的に生きられること――は、贈与、サクリファイスのような出来事の経験にとって不可欠であり、なくてはすまされない。

贈与、サクリファイスという出来事の経験は、なんとしても初めから（つまり、初めとは定まらない初めから）模擬性に基づくやり方によって以外経験しようのない部分を含んでいる。それゆえ、必ず模擬性＝虚構性（たとえば、演劇性）という様式とその効力を内包している仕方で経験される。そしてそんな〈根源的な模擬性〉を含む経験を通じて、初めて、その独特な真実が生きられる。つまり、サクリファイスの真実、贈与の真実が生きられるだろう。少し先回りして言っておくと、おそらく特異な真実味と現実性《リアリティ》として生きられる。

こういう真実は、スコラ哲学以来の伝統的思想で問題にされる真実＝真理とは異なっている。「知ト物事ガ一致シテイルコト（adaequatio intellectus et rei）」ではない――つまり、私たちの知、認識が、その対象である物事・事象と適合し、一致している、という意味での真実ではない。伝統的真理観にしたがえば、私がこの出来事（たとえば、死ぬという出来事、あるいはまた自己犠牲《サクリファイス》、贈与という出来事）を〈その真実において知る〉ためには、私はそういう出来事を、自分が、現在において、意識的に捉える対象として、判明に知覚しつつ認識し、了解するということ、そして言述するということが可能でなければならない。そうすることで、私の知が、その対象であるこの出来事と適合し、一致しているのでなければならない。

ところが、死ぬという出来事（さらには、供犠＝祝祭、贈与という出来事）は、現在において私へと真に現前する可能性がつねに逃げ去ってゆくのを、そのままに任せ、取り逃がしつつ、経験されるほかない。端的に言えば、死ぬという出来事は、けっして、私がその出来事を現に意識して知覚し、明確に捉え、自分の把握する対象として、つまり同一性の確定している客体《オブジェ》として認識することのできる物事・事象にはならない。すなわち死ぬという出来事は、私＝主体がその出来事を、真に対象化して知り、認識することのありえないなにか——絶えず知をかわして逃れ去るなにか——を含んでいるやり方でしか生きられない。

それゆえ死ぬことの経験は、深く探ってみれば、〈真の死〉としては生きられない部分、すなわち〈真実としては〉経験されない部分を不可避的に内包している。ちょうどその程度に応じて、死ぬことの経験には、〈あたかも死にゆくかのように〉模擬的に生きられるしかない側面、初め（ではない初め）から模擬性＝反復性の様式と効力を含んだ仕方で経験されることが不可欠である側面がある。そして、そんな〈根源的な模擬性＝反復性〉の様式と効力を含む経験を通じて、初めて、その独特な真実——特異な真実味と現実性《リアリテイ》——が生きられるのである。いま述べたことは、供犠（自己犠牲）、贈与のような出来事の経験にもあてはまる。

こういう独特な真実は、伝統的な思想・哲学における認識論や真理論がそう考えるように、真に現象するもの——すなわち、真に意識へと現れる現前的なもの——という様態に結ばれている真実ではない。真に現在的に知覚され、（主体である私によって）判明に捉えられ、対象として位置づけられて認識され、理解されるものとしての真実。了解されて、明快に言い表されるものとしての真実。だから私が言い表し、言述すること、判断することは、その対象である物事・事象と一致し、適合していなければならない、という定義（カントも認めている定義）にあてはまるような真実ではない[2]。
そうではなく、こうした独特な真実は、伝統的思想の認識論、真理論における思考法や区分にはなじまない真実である。存在なのか無なのか、真なるものなのか偽りのものなのか、原物＝原本なのか模倣＝模擬なのか、真理＝真実なのか虚偽＝虚構なのか、という二項対立的な区分には適合しない部分を含んでいる真実である。そういう問いの出し方の及ぶ範囲からはみ出すところに位置している真実なのだ。

贈与、サクリファイスという出来事は、独特な真実──すなわち、特異な真実味と現実性──を有するのであって、そういう独特な真実は、伝統的哲学・思想の真理論がそう問うように、真なるものか偽りのものか、原物なのか模擬なのか、という二項対立的な区分には適合しない。贈与、サクリファイスは、そうした独特な真実を有するのであるから、常識的な知的判断、つまり本物なのか模倣なのかという二分法的判断に従って、〈真の自己犠牲である〉、〈真の贈与である〉と決定することはこのうえなく難しいのではないか。というよりも、ありえない面を持つのではないだろうか。真の贈与である（けっして交換的なものと混ざり合うことのない、純粋な贈与である）と決定することは、ありえない、不可能な部分を含んでいるのではないだろうか。

こうした点については、あとで、もう一度深め、展開してみたい。そのまえに、通念的な宗教における救済の観念とは異なる、特異な〈救済、メシア的なもの〉について考えてみよう。

3　苦難の時そのものが新たに、未知なるものとして生き変わること

イエスの言葉と行いにおける〈救済〉――特異な〈メシア的なもの〉

さきほど見た福音書を再びたどりながら、初期キリスト教が〈イエスの計り知れないほど大きな愛の贈与〉を――すなわち、イエスの「気高い」自己犠牲《サクリファイス》を――どのように評価しようとしていたのか、考えてみよう。さらには、そんな広大な愛による贈与、生命・身体の贈与はすべての人々を〈救済した〉が――そう解釈されているが――、そういう〈救済〉をどう捉えようと望んでいたのか、少し別の角度から検討してみよう。

イエスの言葉と行いにおける救済は、制度的に確立したあとのカトリック教会の教えにおける救済の観念とは、かなり異なっているだろう。イエスの言葉と行いそのものにおける救済というのは、来たるべき彼岸の世界を願望すること、天上の神の国に入るのを希望することではない。永遠の生命と至福を授かるよう期待し、そう期待させる約束を信じることではない。

そうではなく、この苦悩する時、苦難の時そのものが生き返ること、なにかしら新しいものとして蘇生することだろう。そして、そういう奇蹟的な生き返りが、考えようのない、不可能なものであるにもかかわらず、かろうじて考えられるとすれば、どのような時なのだろうか。それはおそらく、ひとが通常の時間の観念、時計が刻む時間の観念から外れることに結ばれているのではないだろうか。

こうした問いを考察する途上で、福音書を読んでいくと、福音書には、あたかも贈与、サクリファイスにつきまとう曖昧さをなきものにしようと望むかのように、ある種の〈精神主義〉をせり上げていく面があると思われる。

前にも触れたとおり、福音書は、現実世界における代償、埋め合わせや報酬は一切断念するよう促し、その代わりに、心的、精神的な次元の償いを過剰なまでに価値づける。そのプロセスで、「密かなところに見ている神は報い給おう」という言葉に相当する観念は極度に高められる。やがて全知全能の神はすべてを知っている、すべてをなしうると信じよ、一切を神に委ねよ、という教義に向かう。後《のち》に来るはずの時を信じよ、その時には、すべてを知っている〈父〉は限りなく良い報酬を、彼岸の世界で返してくれるだろう。こういう〈約束〉——期待させる約束——として定式化される。つまり救済の約束であり、約束された救済である。それはどうしても、後に来る時——とくに来世、天上の神の国——における報いを希望すること（期待する、という意味あいで希望すること）、そしてそんな報酬を与えてくれる保証人であり、全能者である父を信じることに基づいている面が際立つ。バタイユ的に言えば、一種の救済の企図《プロジェ》であり、企図としての救済であるとも言えるだろう。

それでも、ある人々の見方によれば、イエスの言葉と行いそのものは、のちにローマ教会（ペテロが初代の司教とみなされる、そして、パウロが最大の理論家としてその教義を基礎づけた信仰の共同体）が定式化した教えとはかなり異なっている。

精神的次元の報いというのは、初めには、つまりイエスの言葉と行いそのものにおいては、必ずしも〈来世における幸福や永遠の命を期待させる〉ものではなかった。たしかにイエスは「天にいます父」や「来たるべき神の国」への希望を口にする。だがそれは、一方では『旧約聖書』の言葉に沿って語っているからであり、他方では当時の思考様式、とくに民衆の考え方に即して教えを説いているからである。

イエスの言葉と行いの狙いは、いま、此処における苦悩と涙を救うことである。〈この苦難の時〉それ自身を、この苦悩の瞬間そのものを贖《あがな》い、救済することである。この時それ自身が、転換され、質的に変化し、別のものへと変わることによって、逆説的にも〈奇蹟〉のように生き返り、救われるということである。

福音書のなかでイエスは、とりわけ布教の初期に、しばしば盲目の人、疾病者、障害者を治癒させる。疾患、障害、社会的に疎《うと》まれることは、福音書の筆者・編者の思考においては、穢れていること、負い目のあること、罪あることと内的な照応関係にあり、通底している。少し図式化して言えば、罪あることの隠喩になっている（こうした読み方は、吉本 一九七八に示唆されたところがある）。

そして見たように、罪の観念は深く内面化され、普遍化されており、いわば〈すべての人間の属性である〉かのようにみなされている。罪を最も多く身におびている者——罪の重みにこのうえなく打ちひしがれており、苦しんでいる者——こそが最も普遍的な、人間的な存在なのであるから、彼らを救うことは緊急な責務であり、正義である。福音書の記述では、不治の病人や身体障害者は、イエスの言葉「信仰がおまえを救った」、「おまえの罪は許された」とともに、一瞬のうちに治癒される。それはあたかもイエスがあらゆる疾患や障害を、病者の側からの信仰を触媒にすることによって、一身に吸収したかのようである。ここにある隠喩性は、ある種の、特異な〈メシア的なもの〉の観念の喩えと言ってもよいだろう。治癒するということは、いわば生き返ること、新しいものとして蘇生すること、新しく生き変わることの比喩になっている。

償われることを期待する時間──交換的なものの優位

この点を深めるために、エマニュエル・レヴィナス（一九〇六─九五年）がヘブライ思想におけるメシアニスムの伝統を踏まえて──しかし、メシアニスムをそのまま継承するのではなく、変革しつつ──、『実存から実存者へ』（一九四七年）などの著作で展開していることを参照しながら、さらに掘り下げてみよう。

いま、此処で苦悩する者は、苦しみつつ、ある種の〈希望〉も抱くだろう。そんな〈希望〉というのは、この苦しみの時そのものに集中して関わる。それ以外のこと、たとえばこの苦悩が後になって代償を得て報われることとか、補償されるやり方で贖《あがな》われることなどに関わるのではない。私たちが暮らしているこの世界では、時間（の経過）とともに、流された涙がぬぐわれ、乾くことはあるし、無念の死の報復（いわば仇討ちのような復讐）がなされることもありうる。しかし、こうした償いは、そしてその基盤をなす〈代償を期待し、待機する時間〉は、希望にとって、けっして十分ではない。希望が願うのは、いかなる死も、生き返ること、新しいなにものかとして蘇生することなしにすまされるべきではない、ということだろう。

希望は代償を、すなわち補償となる報いを求めるのではなく、〈代償を期待し、待機する時間〉がもたらすもので満足することはない。この世界における生活＝人生に基づいて模写した時間観念──

私たちが日々生活するなかで、それに即して活動する時間の観念——によれば、諸々の等質な瞬間瞬間が次々と連なって流れており、それゆえ、将来（後に来る時）になれば、苦悩の償いと慰めを得ることもできる、そう期待してよい、とみなされる。だが、希望は〈期待〉とは異なる。代償や報酬、慰めを期待する時間に満足することはない。

代償を期待し、待機する時間、と呼んだもの——言いかえれば、後に来る時になると、償いを得て報われることを期待する時間——を、もう少し詳しく見てみよう。

アリストテレスは、『自然学』第四部のなかで、時間について考えているが、時間が成り立つのは、〈いま〉という基本単位によってであり、そういう〈いま〉が次々と連なっているとみなす。過去とは、かつて〈いま〉であったが、このアクチュアル（顕在的＝現行的）な〈いま〉にとってはもう過ぎ去った〈いま〉だろう。未来はやがて来るはずの〈いま〉である。時間は流れるものであり、等質な〈いま〉が次々と連続して継起していく流れである。この見方は、量として計ることのできる時間、物理的で、客観的な時間、日頃生活するときにひとがそれに基づいて暮らしている時間の観念——そして、時間の秩序——に結ばれている。こういう時間を、〈クロノス〉と呼ぶことにする。そこでは、いつも現在が中心となり、起点となる。どんな経験も、ひとつの現在という〈源泉-点〉を起点、中心として開始される。もう過ぎ去った現在からアクチュアルな現在への、そして来たるべき現在への、〈現在というかたち《フォルム》〉の変更、修正、移り変わりだと思われている。

それゆえ、クロノス的時間に即すならば——すなわち、ほとんどの日常の生活においては——、人間の経験は、基本的に言って、〈私が生きる経験〉である。私（の意識）が——明晰な自己意識であるまま――、現在として生きる経験である。私は、諸々の物事・事象を――私の意識の現在において――私へと現前するものとして生きる。そうでないもの、すなわち現在的に――現前するものとして――経験されないもの。真に現在として生きられることを絶えずかわして逸れてやまないもの。そんななにかは、やや極端に言えば、〈私の経験〉とはならないだろう。つまり私が生きる経験、私が主導権《イニシアティヴ》を持って生きる経験とはならず、〈私の経験〉からはみ出し、抜け落ちてしまうだろう。

〈私が主導権《イニシアティヴ》を持って生きる経験〉とはならない経験

ここで、少し回り道をして、アルチュール・ランボー（一八五四―九一年）が一八七一年五月に生きた、特異な経験を参照してみたい。というのもランボーはそこで、〈私が主導権《イニシアティヴ》を持って生きる経験〉とはならない経験に出会っているから。そして、そんな特異な経験、言いようのない、名づけがたい経験を、あえて言葉によって――必然的に奇異な、生硬な、こなれていない言い回しによって――語ろうとしているから。

そんな特異な経験は、ある種のエクスタシス（恍惚＝脱自）の経験として理解される。ギリシア語源である〈エク－スタシス＝自分の外に立つこと〉も示唆しているとおり、こういう経験は、通常の経験がそうであるように、私＝自我が――その能力、その活動性が――主導権を持ってふるまうのではなく、その外に出ることが問題となるような経験である。

注目すべきなのは、次の点だろう。まずランボーは、自分が「詩人でありたいと望んで」おり、それゆえ「自分を見者〔Voyant〕にしようと努めています」と言う。そして、そのために「問われるの

ランボー

は、あらゆる感覚を壊乱させる〔脱規則化する〕ことを通して未知なるものへと至ることです」（Rimbaud 2009, p. 340／四三一頁（ジョルジュ・イザンバール宛の手紙、一八七一年五月一三日付））と書いている。このことから推察すると、次のような仮説に導かれると思う。すなわち、「見者」という言葉は――その由来について、いろいろな研究があるのだが、それはとりあえず措いておいて――通常の意味で「見る」者のことではないだろう。ランボーの用語法においては、「見る」ということの意味が変化していると言ってよい。

「見る」こと、つまり視覚、視像、ヴィジョンは、むろん言うまでもなく感覚（sens）――視覚、聴覚、嗅覚、味覚、触覚――のうちの一つである。ただし、古代ギリシア、プラトン主義以来、視覚は特別の地位を与えられており、〈光のもとに明らかに現れるもの＝現象するもの〉を明快に見ることこそが真に知ること＝認識することだとみなされてきた。視覚は諸感覚のうち最も理知的なものであり、位が高いものである、と考えられてきたのだ。

だが、ランボーの主張によると、問われているのは、視覚も含めて「あらゆる感覚を壊乱させること」、すなわち規則＝規範（règle）から外して、乱し、狂わせること、感覚をあえて鋭敏にし、感覚作用《サンサシオン》の強度を高め、ある意味で放埒、放縦にすることを通して、未知なるものに至ることなのである。ということはつまり、ランボーの考えでは、詩人であるためには「見者になる」べきだが、そのとき「見る者になる」ということは、常識が言うように、未知なるものを明快によく見て、よく知ることではない、つまり判明に区切って認識し、理解して明確に言い表すこと、そうすることで既知のもの＝認識されたものに導くことではない。そうではなく、むしろ逆に、既知のもの――認識されている、と思われているもの――をもう一度取り上げ、問い直すことによって未知なるものに導くことなのだ。参考のために言うと、バタイユもまた、「ポエジーは既知のものから未知なるものに導く」（Bataille 1943 (1973), p. 157／三〇九頁（「ポエジーおよびマルセル・プルーストについての余談」））と書いている。

既知のものを、もう一度取り上げ、捉え返すこと、問い直すことによって未知なるものに導くことというのは、どういうことだろうか。

私見では、ランボー自身は、この短い手紙、パリ・コミューンの闘い（一八七一年三―五月）を弾圧するブルジョワ・ヴェルサイユ政府への怒りのなかで急いで書かれた二通の手紙では、残念ながら「あらゆる感覚を脱規則化することを通して未知なるものに至る」という主張を、必ずしも理解可能な仕方で十分に展開することはできなかった。そこで私たちは、少し後の世代の優れた文学者であるマルセル・プルースト（一八七一―一九二二年）が、『失われた時を求めて』の第二篇『花咲く乙女たちの影に』（一九一九年）のなかで、画家エルスチールにおける〈見ること〉の特異性を記述している箇所を読解することによって、ランボーが展開したかったと思われる主張を推定してみたい。

生来の喘息《ぜんそく》の保養のため、祖母とバルベックに滞在していたおり、『失われた時を求めて』の主人

プルースト

公である語り手の私は、好運にも画家エルスチールのアトリエを訪ねる機会に恵まれる。そこでエルスチールの海景画を驚嘆しつつ鑑賞して、私はこういう思いをもらしている。

> エルスチールの絵画の魅力は、そこに描かれている事物たちがある種の変身《メタモルフオーズ》の状態にあることに存していた〔…〕。(Proust 1987-89, tome 2, p. 191／⑷三〇四頁（『失われた時を求めて』第二篇『花咲く乙女たちの影に』第二部）)

主人公の私の考えでは、海景画に描かれている海や陸地、港町、船などがこのように変身＝変貌の状態にあるのは、エルスチールがいわば真の印象と呼びうるなにか――ひとがふつうに抱く印象一般とは異なる、個性的な印象＝刻印であるなにか――を追求しているからである。

主人公の見方では、エルスチールの海景画は「自然を、その在るがままに見る、つまり詩的に見る、という稀な瞬間によって作られて」おり、そうすることで「真の印象」と呼びうる、移ろいやすく、消え去りやすいなにかを示唆しようとしている。それが「エルスチールの絵画の魅力」をなしているのである。自然を――そして世界や、そこに存在する事物・事象たちを――、それらが存在するままに見る、つまり「詩的に見る」というのは、どういうことだろうか。主人公の考えでは、私の

〈見ること〉が「知性の観念（notion de l'intelligence）」によって導かれ、筋道をつけられている仕方で〈見る〉のではなくなることに結ばれている。

主人公の考えるところによると、「知性の観念は、私たちの真の印象とは疎遠なものである」。この「知性の観念」が、私たちの〈見ること〉を（もっと広く言うと、〈ものの見方〉、〈事物たちを受け入れ、感じ取り、察知する仕方〉を）いつのまにか規定しているので、私たちがそのとき、その場で、海や空、船、波、桟橋、港町などを見ることを通じてさまざまな印象を抱くときにも、「知性の観念」が求める要請に従うことのない部分――たとえば論理的整合性に反する（と思える）部分――を受け付けないのだ。

主人公は、「エルスチールの努力」は「事物たちを、自分が知っている存在として示すのではなく、私たちの最初の見方を形成する、あの眼の錯覚に従って示そうとする努力」だと言う（ibid., p. 195／(4)三二一頁（『失われた時を求めて』第二篇『花咲く乙女たちの影に』第二部））。《カルクチュイの港》という絵画のなかで、エルスチールは、海、空、船、波、港町、陸地などを「自分が知っている存在として」描くのではない。むしろ、一種の眼の錯覚にも似ている〈見ること〉に応じた、輪郭のぼやけている形、揺れる色彩、微妙な光の陰影によって描こうとしている。いわば幼児の眼、原初の人間の眼のように、まだ「知性の観念」によって規範化されたり秩序づけられたりしていない〈見ること〉に照応した、独特な、個性的な見方（そして描き方）を案出しつつ表現しているのである。

画家の眼差し、画家に特有な〈見ること〉においては、いわゆる視覚の働き方、その作動の仕方、ふるまい方は破られており、通常の〈見ること〉がそうであるようには、法則性（慣習化した、規則的な繰り返し）に服してはいない。そうした独特の眼差しに応じて描かれた絵においては、「そこに描かれている事物たちはある種のメタモルフォーズ（変貌・変身）の状態にある、すなわち、詩においてはメタフォール（比喩・隠喩）と呼ばれるようなメタモルフォーズに類比される状態にある」（ibid., p. 191／三〇四頁）。カルクチュイの海、空、船、海岸、陸地、港町などは「自分が知っている存在として」の海、陸地、船などではなくなる。そして、なにか他のものへと──つまり、未知なるものへと──揺れ動いている。

海、空、船、海岸、陸地、港町などは、「自分が知っている存在として」は、私が判明に区切って捉え、理解することの可能なものであって、統一され、まとまっている対象《オブジエ》＝客体であり、たしかに実在するものである、つまり客観的な現実をなす事物である、と信じられる。ふつう人々はみなそう思って、海、陸地、港、船などを見ている。ところが、この画家の眼差し、この画家に特有な、〈個性的な〉見ることにおいては、客観的現実をなす事物だと思われている海、陸地、港、船などは、自己自身（としての同一性）が定まらず、別のなにかへと変身《メタモルフォーズ》している。

こうして、画家の眼差しはまさに、既知のもの──認識されている、と思われているもの──をもう一度取り上げ、捉え返し、問い直すことによって未知なるものに導いている、と言ってよいだろう。さきほど見たイザンバール宛の手紙（一八七一年五月一三日付）では、ランボーは変身のひとつの例として「木材が自らをヴァイオリンとして見出す」という視像《ヴィジョン》を記している。また、一八七三年に書かれた「錯乱II　言葉の錬金術」（『地獄の一季節』の一つの章にあたる）では、自らの抱いたヴィジョンをわざと貶《おとし》め、自嘲して「幻覚」と呼びながら、こう書いている。

ぼくは単純な幻覚に慣れていた。きわめて率直にぼくは見たものだ、ひとつの工場の代わりにイスラム寺院を、〔…〕空に伸びた街道のうえを走る幌付き四輪馬車を〔…〕。（Rimbaud 2009, p. 265／二二三頁）

「ひとが私を考える」、「私はひとつの他なるものなのです」

いま述べたような画家の眼差し。この画家に特有な、個性的な見ること。それが生じるのは、自然を（そして世界、事物、物事などを）、それらが「在るがままに見る、つまり詩的に見る」という「稀な瞬間」において、である。そして、そういう瞬間は、『失われた時を求めて』第一篇『スワン家の方へ』（一九一三年）第一部の末尾で、主人公の私が夕陽に照らされたマルタンヴィルの鐘塔の光景に不意に惹き込まれ、もう眼をそらせられない仕方で見つめつつ、比類のない「喜び」に満たされる経験、ある不思議な印象を受けるときの経験（そして、そういう時間）に類似している。そんな不思議な印象とは、起伏に富み、かつ広々としたフランスの平野を駆ける馬車の御者台に座った私の眼から見て、沈みゆく夕陽を浴びる鐘塔たちがもう日頃見ているとおりの鐘塔ではなくなり、絶えず別のなにか、他なるなにかへと〈変貌してゆく〉という印象である。こうした変貌の動きは、画家エルスチールの眼差しが海、空、船、港などに見出す動き、すなわちそれらの事物が〈真に自己同一性の定まった対象〉であることから外れて、絶えず異なるものへと変身してゆく動きと相同的だと言ってよい。

語り手の私にとっての鐘塔にせよ、画家にとっての海、空、船、港町などにせよ、それらの事物は真の現前性として、すなわち真に私へと現前するものとして現れ、そして経験されるものとは決まっていない。なにかしら——真に現前するものとしては現れず——経験されないものとしても生きられる。つまり真に現在的=現前的に経験されるとは限らないかたちで生きられるのだ。

このように〈自己同一性の定まった対象であり、客観的現実の事物である〉と思われていた海や空、波、船、港町、陸地などが絶え間なく〈変貌してゆく〉という奇異な出来事が起こるのは、ある特異な瞬間である。私が私として定まって存在するのではなく、つまり自己（へと現前する）同一性として存在するのではなく、自分の外に出ているかのような瞬間、自我の能力が及ぶ範囲の外に出ているかのように存在する瞬間である。『失われた時を求めて』の主人公は、そういう瞬間のことを、「時間の外に在る喜び」の瞬間と言っている。そして、ランボーは「ひとが私を考える」、「私はひとつの他なるものなのです」という出来事の瞬間だと言っている。

これらの言い回しは「見者の手紙」のなかに読めるものだが、その手紙において、ランボーはまず「私は考える、という言い方は誤った言い方です、ひとが私を考える、と言うべきでしょう」と書いている。つまり彼は「私は考える」という信念を、根本的に疑い、問い直しているのである。

おそらくランボーは、ある独特な、不思議な経験をした。もう「私は考える」、「考えているのは私=自分である」とは言いきれない出来事、つまり私が主導権《イニシアテイヴ》を持って考えているのではないし、見ているのでもないような出来事を生きたのである。自分の同一性が破れるという危機的な瞬間を生きたのだ。そして、そういう瞬間には、〈私=自我〉がもうその主体的能力、すなわち物事を対象化して捉え、判明に区切って認識する能力、理に適って考える能力を発揮して、能動的なやり方で〈見ること〉を統括するのではなく、もっと身体性に即した仕方で〈見る〉という出来事が起こった、たとえば詩篇「わが放浪」でみごとに記されているように、強い感覚的な興奮、それに伴う心の動きや揺れに心身を委ねるやり方で〈見る〉ようになる出来事が起こった、と感じたのである。

イザンバール宛の手紙の、この箇所を引用する。

私は考える、という言い方は誤った言い方です。ひとが私を考える、と言うべきでしょう。――言葉の戯れの面は許してください。――

私はひとつの他なるものなのです。木材が自らをヴァイオリンとして見出すことになっても、仕方ありません。それで、無自覚な人々、自分がまったく無知なことに関して屁理屈をこねる人々に向かっては、鼻先であしらっておきましょう！（Rimbaud 2009, p. 340／四三一―四三二頁）

「屁理屈をこねる（ergoter）」という動詞はきわめて珍しい語であり、ランボーがわざわざこの動詞を用いているのは、明らかにデカルトの〈Cogito ergo sum（私は考える、ゆえに私は在る）〉をもじっているからである。デカルトは、一切のものは疑いうるとみなすところから出発して、あらゆるものの確実性を疑問に付したが、そのなかで、コギト（われ惟《おも》う＝私は考える）の、疑いえない明証性を見出し、それこそが根拠になりうると推論していく。すべてのものは偽り、錯覚、取り違えかもしれないと疑い、真ではないと考えているあいだでも、そのように疑い、考えている〈私〉は疑えないだろう、そうやって〈思考するもの（レス・コギタンス）〉としての〈私〉は確実に存在しているだろう。そうデカルトは主張する（デカルト 二〇一〇）。

だが、ランボーは、「私は考える、という言い方」に異議を唱え、問い直そうとする。彼の見方では、この「私は考える」という言い方は、どうしても私という主体が主導権《イニシアティヴ》を持って思考している、と思わせる。つまり、考えるのは私＝自我である、私は定まった主観であり、主体的な、自主的な仕方で、もっぱら自らの意志・意向に基づいて――他なるものとの関わりに引かれたり、押されたりすることなしに――思考している、と信じさせる。しかし、ランボーは、見たとおり、私が主導権を持って考える、とは言い切れない出来事を深く生きたのである。

だから「私は考える」という言い方は、「考える」というプロセスをうまく適合した仕方で、適切に言い表しているわけではない。その真にリアルな進行過程に適合し、一致した表現ではないと、ランボーは感じる。もしそのリアルな進行過程に、できるかぎり即した言い方を試みるなら、「ひとが私を考える」と言うべきだろう。そうランボーは書く。私は、通念とは違って、能動性ではなく、むしろ受動性であり、なにかしら不定な他なるものによって思考されている。

この「ひとが私を考える（On me pense）」という言い方は、フランス語の文法構造（標準的な統辞法）に服さず、それを少し逸脱することになる。ランボーが注目していることのひとつは、「私は考える」という言表（ひとつの発話）、すなわち主語である「私」と述語動詞「考える」が然るべく構文化された言表が、それを日々発話し、また読み取る人々にとって、いわば文法構造そのものに即して自明なものとみなされ、なんの疑いも抱かれないという状況である。この直観は、のちにニーチェが

『善悪の彼岸』（一八八六年）において、「われわれは文法上の習慣に従って推論している」と指摘したことに照応している。

〔論理学者の迷妄とは逆に〕ひとつの思考はそれが望むときにまさにそう現れるのであって、〈私〉が望むときではないのだ。したがって〈私〉という主体＝主語が〈考える〉という賓辞＝述語の条件であると言うことは、事態を偽造することである。それが考える〔Es denkt〕、だが、〈それ〉が太古以来のかの名高い〈私〉であるというのは、控え目に言ってもある単なる仮説、ひとつの断言に過ぎないのであって、とにかく〈直接的確実性〉ではないのだ。突きつめると、この〈それ〉が考えると言うのも、既に行き過ぎた肯定である。この〈それ〉は過程の解釈を既に含んでおり、過程そのものに属しているのではない。こうした命題に関してわれわれは文法上の習慣に従って推論している。〈考えるとはひとつの行為である、すべての行為はそれを成し遂げる一個の主体を前提にしている、したがって……〉。（Nietzsche 1971, p. 35／三九頁（第一七節））

ランボーは、もしひとが「私は考える、という言い方」はまったく正しいと信じているならば、ひとは「私＝主観」の統一されたまとまり、自己同一性、定立性を疑わず、その主体的に統括する能力、すなわち事物や他の存在たちを自らの対象として明瞭に捉え、判明に区切って認識し、理解する能力、明確に言い表し、言述する能力も確実なものと信じるだろう、と考えている。そのように自我

＝主観の能力を自明なものとして信用する態度。私が考え、私が語り、書くのだ、考えるのは私であり、言葉を発する源になるのは私だと思い込む態度。そうした態度とともに創作され、読まれているような文学。おそらくランボーはそれを「主観的な詩」と呼び、イザンバール（シャルルヴィル高等学校の担任教師であり、共に文学を語る友人でもあった）や多くの人々の念頭にはそういう文学しかないことを批判している。そして、自分が求める文学は、もっと「オブジェクティヴな詩＝客体的な詩」だと言っている。「オブジェクティヴな詩」という言い方——不器用な、誤解を招きかねない言い方——によってランボーが念頭においているのはどのような文学だろうか。おそらくそれは詩篇「わが放浪」のように、これまでの文学よりももっと身体性＝感覚性に敏感に反応し、それに言語表現を与えようとする文学である。身体性（眼、耳、舌、鼻、皮膚など）に密接に基づく感覚的刺激＝興奮、その心的な動きや揺れはきわめて重要な働きをしているが、しかし言いにくいもの、言語化しがたいものである。だが、それにもかかわらず、あらゆる工夫を凝らして言葉によってそれらを告げようとする文学を、ランボーは求めているのだ。

ランボーはまた、もう一通の手紙（ポール・ドメニー宛、一八七一年五月一五日付）のなかで、「私はひとつの他なるものなのです。もし銅片が目覚めるとラッパであるとしても、そういう変身は銅片のせいではまったくありません。そのことは私には自明です。私は自らの思想の開花に立ち会っています」と書いたあと、これまで人々が信じてきた「自我についての偽りの意味」を壊して変化させなければならないと言う。そして、「自我についての偽りの意味」を信じているせいで安泰なままの「作者（auteur）」という観念、すなわち「自らの知的進歩」を「もっぱら自分のものとして帰属させる」

ような「作者」という観念を変えなければならないと記している。

もし耄碌《もうろく》した愚か者たちが、これまで自我についての偽りの意味ばかり見出してきたという事実がなかったとしたら、私たちがこうした無数の骸骨どもを、つまりずっと以前からその片目の知性の生産物を集めてはそれの作者だと名のりをあげる者どもを、一掃する必要もなかったでしょうが！〔…〕詩人たらんと望む人間の第一の探究は、自分自身を認識すること、それも全的に認識することです。彼は自分の心魂を探究し、綿密に精査し、それを誘惑し、それに学ぶのです。自らの心魂を知るやいなや、ただちにそれを涵養しなければなりません。このことは簡単なように思えます。どんな頭脳のうちでも、自然な発展は成し遂げられるからです。それゆえ、多数のエゴイストたちは自分を作者だと表明します。また自らの知的進歩をもっぱら自分のものとして帰属させてしまう、他のエゴイストも多くいます！――しかし問われているのは、物凄い心魂を創り出すことなのです〔…〕。（Rimbaud 2009, pp. 343-344／四三五－四三六頁）

おそらくランボーは、ある独特な、奇異な、恍惚《エクスタシス》＝脱自の経験、私が真に私として同一的であるとは言えなくなり、〈自我〉の定立性の外に抜け出しているような経験を生きたことを踏まえつつ、これらの手紙を書いている。こうした手紙の文体（語り口、言い回し）では、特異な経験を生きることと書くこととは、切り離しがたく結びついている。

「ひとが私を考える」という風変わりな言い回し、また「私とはひとつの他なるものなのです」という言い方などは、これまでだれも言ったことのない、いわばランボーに固有な、特有な〈語り方〉である。それらの〈語り方〉は、ランボーが自分の生きている不思議な、奇異な出来事、「私は考える、という言い方」によっては適切に語ることができず、もっと他の言い方を編み出すことによってしか告げることのできない出来事の経験を、可能なかぎり類比的な仕方、隠喩的・模擬的な仕方で示唆するために、ある意味あいで、発明した語り方である。語りようのないなにかをあえて書こうとして、ランボーが創り出した〈語り方〉である。

「ひとが私を考える」という言い方が暗示しようとしているのは、私はつねに私と同一的であるとは限らない、なにか他なるものによって——他なるものとの関係によって——横切られている、私（の考えること）のうちには、なにかしら私とは異なる、疎遠な、異邦的なもの（私がよくわからず、はっきりとは意識していないもの）が関係している、という出来事の経験である。そのことを言いかえると、私（の考えること）のなかには、私（の主観的な意志や意図、志向）とは独立して作用する、なにか他なるものとの関係があるので、私は、自分の〈考えること〉の経験そのもののうちで、いつも私自身として自己同一的であるとは限らない、また私は、自らの〈考える〉という経験に必ずしも全的に現前しているとは限らない、ということである。私がつね日頃生活し、仕事をし、休息したり、食事をしたりして暮らしているなかでは、私は自分がいままさに見ていることに——自分の〈見ること〉に——現在的に立ち会っていると確信している。いつも現在として知覚しており、そのことを十分に意識している、と思っている。また、私は、自分がいま現に思考していることを全的に意識しており、知っていると信じている。

だがしかし、「ひとが私を考える」という言い方、さらにはまた「私とはひとつの他なるものなのです」という言い回しが暗示しようとしている出来事の経験においては、事情は異なる。私は自分が経験する物事や出来事を、真に現在的に――そして、十分に意識的に――生きることができる、という確信は維持されない。

私は、自分がいま現に実行している〈見ること〉や〈考えること〉の経験に全的に――現在として――立ち会っているとは言えないかもしれない。むろん、一方では、私はそれを現在として生きている。つまり、意識的に知覚し、対象化して捉え、認識し、理解している。だが、他方では同時に、私（の意識）にとっては疎遠で、他なるものであるなにか、私が明瞭に意識して捕捉することの及ぶ範囲から抜け落ちるなにか、真に現在として――私へと――現前することのありえないなにかとしても生きている。

私は、自らがいままさに生きている経験、自分自身で実行しているはずの〈見ること〉や〈考えること〉の経験を、必ずしも主導権《イニシアティヴ》を行使しつつ十分に生きること、そして経験し尽くし、完了することができないかもしれない。〈経験し終わる〉ことがないかもしれない。なぜなら私がいま現に経験している、独特な、不思議な出来事は、ちょうど〈死にゆく〉という出来事、死に近づいてゆく出来事がそうであるように、通常の意味で私が生きている出来事である面も持っているが、しかしまた同時に、私が主導権を持って生きているのではない部分、私（の主体的能力）を超え出ているので、私が真には経験できない、超過する部分、いわば私が真に――現在的、現前的に――経験することのないまま経験している剰余の部分を秘めているからである。

こうした剰余の部分は、真に現在的に現前するものとしては、受け止められない。それは私のうちにあるが、私には意識されておらず、無意識的なままとどまっている。私はそれを現前性としては生きなかったし、また生きることもない。私が明確に意図し、そう意志して記憶に留めていることはないし、また、想起することもない。いわば、初めから——根源的に——忘却されている。しかし、この忘却されているなにか、経験されないまま経験されたなにかは、不意に生き生きと戻ってくることがあるだろう。非意志的に、思いがけず再来してくることがある。それは、私が予期していないときに不意に再来し、回帰してくることがありうる。そういう仕方で、反復し、もう一度生きられる。ある意味で、生き直される。ただし、常識的な意味で、同じものとして生き直されるのではない。もう一度生きられるときには、必ず差異化されており、別のもの、異なるものとして——いわば、新たに——生きられるのである。

救済の企図、企図された救済——エコノミー的な時間の優位

話を戻そう。そして、いま、此処で苦悩する者が抱く〈希望〉は、この苦難の時そのものにしか関わらないということを、さらに掘り下げてみよう。

通常の生活における時間秩序——クロノス的な時間観念——の枠の内側でのみ考えていると、苦悩と涙に押しつぶされ、不正に苦しんだ時——かつての現在である過去——は、この現行的《アクチュアル》=顕在的な現在における幸い、利得、受益によって報われ、償われることで初めて意味を持ち、正義=正しさを取り戻すと思われる。また、それと類比《アナロジー》的な仕方で推量して、いまこの時の苦しみや涙という不正

は、ただ、後に来るはずの時に代価を得て、補償されることによってのみ、正され、救われる、と期待される。さらにはまた、そのように償われ、正されて救済される〈時〉――来たるべき〈時〉――の到来が期待され、待機されている。

こうした期待と待機、すなわち暗黙のうちに私たちの心の習性になっている期待と待機。そんな期待と待機が解消されて、その意味を失うということが起こりうるだろうか。もしそんなことがありうるとすれば、それはどういうときだろうか。それは、たしかに考えにくいこと、ありそうもないことではあるけれども、なんらかの仕方で、私がクロノス的時間の観念と秩序から逸れてしまい、そこから外れるときではないだろうか。私が〈自我の定立性‐の‐外〉へと開かれ、クロノス的時間の外に溢れ出していくときではないか。

見たとおり、希望は〈期待と待機〉とは異なる。希望の真の対象は〈メシアあるいは救済〉である、とレヴィナスは言っている（Lévinas 1978 (1990), p. 156／一四九頁）。つまり、この苦難の時そのものが生き返ること（あるいはむしろ、奇妙な言い方ではあるが、生き変わること）への希望である。すると、その希望は、代償による救いを期待しつつ、その到来を待機する時間《クロノス》とは異なる時間、クロノスとは別の時間への希望になるのではないだろうか。言いかえれば、ふつう〈時間とはそういうものだ〉と思われている通念的時間の、他の――別の――次元が問われるのではないか。

苦悩や涙は、通常の意味で、補償されて贖《あがな》われるのではない。報われるのではない。償いをもたらす（と期待される）時間において、報い＝代価を得ることで正される、というのではない。たとえば、やがて来るはずの人類の幸福が――そういうこのうえなく大きな報いが――、このひとりの人間の苦悩と不幸を妥当なものであり、正当なものだ、と証明するのだろうか。そんなことはない。後に来る時にもたらされる報酬は、どんなに大きな報酬でも、けっしていまこの時の苦悩と涙を汲み尽くすことはない。

いま、此処における苦悩、苦難、悲哀、涙を償いうるような正義＝正しさは存在しない。現在の悲惨や苦悩を償いうるためには、涙と苦悩の瞬間に回帰して戻ることができるか、あるいはこの瞬間を〈生き返らせる＝生き変わらせる〉ことができるのでなければならない。希望を抱くということは、したがって、償いようのないものの償いを希望することになる。言いかえると、ひとえに〈この瞬間のために〉希望することである。

〈この苦悩の瞬間〉を生き返らせることが――生き変わらせることが――できなければならないだろう。希望するとは、癒しえぬものを癒すことへの希望、修復しえないものを修復することへの希望になるほかない。

常識や通念に従うなら、こうした癒しや修復は、時間のなかでは不可能なことである。それゆえ、ひとは多くの場合〈時間的なもの＝地上的なもの〉を超えた〈永遠〉を求める。彼岸の永遠のみが救済の場だ、と思う。多くの宗教がそう考えてきたし、キリスト教もそうである。前に触れたとおり、精神的次元の救済は、イエスの言葉と行いそのものにおいては、必ずしも来世の幸福――報酬としての幸福――を期待させることではなく、〈いまこの時――この苦悩の時――が生き返り、蘇生することへの希望〉という性格も持っている。しかし全知全能の神はどんな秘密も知っており、すべてをなしうることを信じよという教義の絶対化を通じて、天上において約束された報い、神の国で受け取るはずの報酬として理解され、そう確定していく。ローマ教会の公的教えではそうだろう。つまり、突きつめると、バタイユが批判しているように、企図としての救済、救済という企図へと定式化され、多くの人々の心的習性を規定するようになる。

企図という観念《イデー》の根底にあるものを探るために、あえて原初の人々が道具＝石器を作り始めた時まで遡って考えてみよう。石器を作ることが可能になるためには、ある一定の持続のあいだ、ゆっくりと休息することを我慢して断念し、自らを強制して石を削らなければならない。いまこの時を思う存分気ままに用いるのをやめ、諦めて、忍耐しつつ働き、石を加工しなければならない。なぜ、そのように忍耐し、自らを強いて作業＝労働するのだろうか。その理由は、やがて石が研磨されて道具になると、もっとよく獲物を捕獲し、収穫できるだろうと、漠然とにせよ期待し、予期し、見込んでいるからである。道具を作るということは、いまこの時を十分に、意のままに享受するのをやめ、断念して、後に来る時（多くの報酬を得て、償われ、幸いを得るはずの時）を優先させている。いまこの時は、後に来る時への期待、見込みに服従している。こうした期待と見込みは、企図という観念につながっていく面を持っている。

企図というのは、いまこの時に労苦を重ねること、つまり、いまこの時を、この時自体として価値を持つ仕方で享受し、使い尽くすのを我慢し、断念して、作業＝労働したり、活動したり、操作したりすることが、すなわち自らの心身の力やエネルギーを費やすことが、つねにある期待に支えられて実行される様式である。たとえば後に来る時になれば、その成果を手にしうる、報酬を得て償われる、自分の労働の結実である生産物を所有できる、自分にとって有益なことになると期待してのみ、

〈いまこの時〉は用いられ、消費される。こうした企図という観念にいつのまにか規定されている実存、人生・生活においては、各々の時は必ず別の時、後に来るはずの時を想定し、予測し、そこに到達しようと目指している。なぜならそこに到達し、それまでに消費した力やエネルギーに見合う成果を獲得し、所有することで完了する時になって初めて、真に意味を持ち、価値づけられるから。そう思い込んでいるからである。

いまこの時は、それ自体において価値を持つ仕方で使い尽くされるのではない。この時自体として究極性＝目的性を持つやり方で費やされ、消尽されるのではない。そしてこの消尽そのもの――この消尽された時そのもの――が、ある思いがけない仕方で、不意に生き返るのではない。もう一度、生きられる、というのではない。また別様に再来し、差異化されて異なるものになりつつ反復される、というのではない。改めてまた――新たに――生きられ、再開始するのではない。

そうではなく、後に来る時、やがて来るはずの時になって、そこで報酬を得て、償われることによって救われ、甦る。それは、別の角度から見ると、エコノミー的時間のなかで、しばしば――表層的な理解に応じて――〈弁証法的な展開〉と呼ばれるものと類似したなにかになると思われる。たとえば、労働する過程で消費され、消失した力やエネルギーが、その労働に見合った成果である生産物のなかに移し変えられ、労働し生産する者は、そうした生産物をただちに自己所有することによって回収し、保存しつつ自らの富にする、そして次の過程に投入する、といった展開と似たものになる。

人々がこの世界で行動するとき、つまり仕事・作業をしたり、なにか作品＝生産物を産み出そうと活動したり、そこで生産された物を理に適ったやり方で交換したり、消費して享受したりするとき、自分でそう意識していようと無自覚なままであろうと、ひとはこうした企図という観念に暗黙のうちに服しており、報酬や代償を期待する時間、償われて幸いを得ることを見込み、待機する時間、すなわちエコノミー的時間を当然のものとして前提にしている。

しかるに、定式化されたキリスト教的な救済、すなわち救済の企図あるいは企図された救済に関わる時間は、こうしたエコノミー的時間と類似した構造をしている。後に来る時に報酬を授けられ、償われるという期待に基づく時間性と類比的な仕方で結ばれているのである。

かけがえのない時――現在としては生きられなかった過去――の、新たな生き変わり

それに対し、〈メシア的なもの〉を希望すること、すなわち期待および待機とは異なる希望は、この苦悩の時そのものが生き返ること（つまり、生き変わること）への希望であって、そういう希望は、常識的には不可能なことを希求している。このように不可能なものを希望し、不可能なものにつねに向き合うこと。それはこのうえなく困難なことであり、その難しさから眼を逸らすために、人々は神の国における報いを信じようとする、と言ってもよいほどだ。

だが、こういう〈メシア的なもの〉への希望に応えるのは、〈永遠〉ではない。時間的なもの＝地上的なものを超越している彼岸の永遠ではない。そうではなく、通常は忘れられている時間の次元――時間の、別の、他なる次元――が開くことではないだろうか。クロノス的な時間観念が破られると同時に、時間の本来的な次元が開くことではないか。

物理的で、客観的な、量としての時間、時計で測ることのできる時間。それとは異なる、いわば質としてのみ生きられる時間は、日常的には隠れており、ほとんど気づかれない。私たちは量として測ることのできる時間、この世界における生活・人生に基づいて模写した時間を生きている。そこでは、現在の苦悩や涙は、ただ後に来るはずの時（における報酬、埋め合わせ）によって償われるしかない。しかし、時間という出来事は、もっと深くは、かけがえのない瞬間、代替しえない、唯一無二の瞬間の、ある種の〈生き返り〉として生きられるのではないだろうか。すなわち、独特な再来、回帰、反復という意味での〈生き変わり〉として生きられるのではないか。常識的には、ありえないこと、考えようのないことだと思えるにしても。

付け加えておくと、ここでいう〈生き返り＝生き変わり〉というのは、通念的な意味で、かつての苦悩や涙（の時）が同じままに甦ること、再生することではない。過去に〈私が生きたこと〉が、そのまま――同一のものとして――再現され、生き直されるということではない。もしそうであれば、それは、見たとおり、かつての現在である過去に〈私へと現前するなにか〉として経験したものを、アクチュアルな現在として〈再び現前させること〉であり、再度現在として生きることにほかならないだろう。そうではなく、むしろ私が現在的には生きることのなかったなにか、現在としては生きられなかった過去であるなにか、すなわち〈現在ではなかった過去〉であるなにものかが、改めてまた――新たに――再来し、反復すること、〈もう一度、しかし、新たに別のものとして〉経験されることである。

言いかえてみよう。代替しえない時、かけがえのない、唯一無二の時が〈生き変わる〉こと。それは、たしかに一方から見ると、代替しえない、この苦悩と涙の時、かけがえのない時を、あるやり方で〈生き直すこと〉、改めて〈もう一度生きること〉であり、この苦悩の時が、ある仕方で、再来することである。

ただし、それは、触れたとおり、まったく同じもの、自己同一的であるものが、同じままに再び来る、ということではない。〈蘇生する〉と言ったけれども、それは、かつての現在だったもの（＝過去）がまた同じままに現在として回帰する、という意味ではない。かつての現在（である過去）が、アクチュアルな現在として繰り返されるというのではないのだ。もしそう考えるとすれば、それは反復ということを、つねに〈同一なものの——同じままの——反復〉としてしか理解できない通念によっている。そういう理解の仕方は、実体の次元で考えられた反復、とくに質料的《マテリアル》＝物質的なものに関わる反復というモデルに即して思考している。

そうではなく、〈心的な、精神的な生〉に関わる反復は、けっして自己同一的なものを、同じままに繰り返すことではない。心的生に関わる反復は、現在を中心として等質に流れる時間《クロノス》の秩序、その枠組みのなかで展開されるのではない。かつて私へと現前したものを、再び私へと現前するものとして再現的に繰り返すのではない。そうではなく、現在的＝現前的なものとしては生きられなかったなにか、現在としては生きられなかった過去であるなにか、言いかえると〈現在ではなかった過去〉であるなにかが、つねに別のもの、他なるものとして再来してくるのであり、反復されるのだ。現在をつねにかわし、絶えず現前性を逃れ去るものとして、いつも新たに回帰するのである。つまり、差異を含みつつ、他なるもの＝異なるものとして再来してやまないのである。それゆえ、反復されるなにものかは、自己同一性が定まらず、さまざまな変貌《メタモルフォーズ》＝変身と切り離せない。そんな変身する動きから切り離され、推論的に抽出される反復ではない。反復とは実際、それが構成されるときには、変貌している。新たなやり方、別の仕方で分節化され、差異化されている。反復は、変貌《メタモルフォーズ》＝変身と一体になっており、差異化の動きとともにでなければ、構成されない。

したがって、蘇生すること、生き返ること、すなわち生き変わることとは、通念とは異なって、自己同一的であるものが同じままに甦ることではなく、必ず差異化され、異なるものとして再来する、ということである。別のもの、他なるものとして再開始することである。つまり、新たに差異化されているなにものかとして再開始することなのだ。

メシア的なものへの希望——苦難の時が、ある新しい、異なる、未知なものとして再開始すること

苦悩と涙の瞬間そのものが〈生き変わる〉ことへの希望とは、クロノス的な時間秩序が破られ、時間の本来的次元が開かれることへの希望である。物理的な、客観的な時間、量として測られる時間が破れた、いわば時間の裂け目としての時間においては、私はもう現在——クロノス的時間の起点をなし、中心をなす現在——に結びつけられたままではない。『失われた時を求めて』の語り手が最終篇『見出された時』（一九二七年）で言うように、「私は現在にいるのか過去にいるのか」決定できない。私は、現在を中心＝起点とした「時間の秩序から解き放たれて」いる（Proust 1987-89, tome 4, p. 450／⑿三七八頁（『失われた時を求めて』第七篇『見出された時』一））。

私（の意識）は、その意識が結ばれている〈苦悩と涙（の時——現在という時）〉を超えているなに

か、すなわち私にとって他なるなにか――来たるべきなにか――に関係づけられている。〈希望〉が望むもの。それは、そうした来たるべきなにかとの関わりにおいて、この苦難の時がひとつの〈呼びかけ〉に委ねられることだろう。すなわち〈生き変わるよう促す呼びかけ〉に委ねられることだ。

言いかえれば、来たるべきなにかに関わる希望は、思いがけない呼び出し――不意に襲ってくる想起のような呼び出し――という恵みに浴することを望んでいる。つまり、この苦悩と涙の時が、ある思いもよらない仕方で、なにかしら新たなものへと変貌しつつ、再来し、反復することを望んでいる。差異化された別のもの、異なる、未知なるものとして再開始することを希望している。

もう少し広く言えば、こうした希望は、〈存在すること〉が再開始に委ねられるのを望んでいる、と言ってもよいだろう。存在がなにか最終的＝決定的なもの、終了し、完了したものにつなぎ留められることのないように、そして、非最終的なもの＝非決定的なものが、いわば瞬間ごとに、再開始するように希望している。

それこそが、〈メシア的なもの〉への希望ということの深い意味だろう。

こうした〈メシア的なもの〉への希望は、これまで見てきたとおり、宗教的＝キリスト教的な希望（期待としての希望）と似ているように見えるが、しかし異なるものだ。彼岸への期待＝希望――代償を期待する時間、償われて幸いを得るのを待機する時間、すなわちエコノミー的な時間の次元、その枠組みにおける期待＝希望――とは、根底的に異なるものである。通常の意味でのメシアニスム（メシア待望思想）とは違うものなのだ。

イエスの言葉と行いは、たしかにユダヤ教（ここでは、狭い意味でのユダヤ教のことであり、大祭司や律法学者の教え、その慣習化した信仰、法＝規範、倫理のことである）への異議提起であり、また、ユダヤ社会への批判、変革の試みであるけれども、しかしむろんのこと、ユダヤ思想の伝統に含まれている、メシア的なものへの気づかいは継承し、共有している。

〈メシア的なもの〉への希望が、このように通念的な時間観念が破られ、その裂け目に時間の本来的次元が開かれることへの希望であり、また同時に、かけがえのない時、代替しえない、唯一無二の時が、ある新しい、異なる、未知なるものとして〈生き変わること〉への希望であるとすれば、次のような問いも浮かんでくるだろう。

〈神〉という絶対的他者への義務（神の黙した呼びかけに応答し、自らを受け合う責任＝義務）において初めて、クロノス的時間、そしてそれに基づくエコノミー的な時間が破られ、時間の本来的次元が開かれるのだろうか。それとも、必ずしも〈神〉のような超越者、絶対者を大きな前提にすることはなくてもよいのか。たとえば、あるひとりの他者＝他なるものとの関係、他としての他と向かい合う関係、絶対的な対‐面（face-à-face）の関係において、時間の本来的次元が開かれることはありうるのだろうか。こうした点は稿を改めて考えることにしよう。

4　不可能なものという試練——絶えざる中断、再開始

贈与、サクリファイスの経験はつねに不可能なものにつきまとわれている

さきほど触れた供犠（およびそれと一体になった祝祭）の特性。あるいはポトラッチ風の、過激な――自己消失的な――贈与の特性。つまり、自らにとってこのうえなく貴重なもの、最愛のものを、役に立たない無益な仕方で犠牲にし、留保なく消尽するかのような出来事、言いかえると、なにも見返りを期待しないまま破壊し、放棄するかのように贈与するという出来事の特性。それらの特性に潜む根本的両義性を、もう一度取り上げ、さらに深めてみよう。

そのことを通して考えてみたいのは、次の点だ。

自己犠牲《サクリファイス》、贈与という出来事は、すなわちクロノス的時間が破れて、そうした裂け目の時間に、時間の本来的次元が開かれると同時に――そのとき初めて――かろうじて〈起こる〉かもしれない出来事は、それがほんとうに生きられるためには、どうしても〈根源的な模擬性〉の効力とともに経験される面を持っていること、言いかえれば、つねに〈反復的な仕方＝模擬的なやり方で生きられる部分が不可欠である〉ことを熟考したいのである。

まず次のことを思い出しておこう。〈死ぬ〉という出来事は、私がそれを真に経験することのできない出来事である。〈私は死ぬ〉という出来事を真に経験することはありえない。もし私が真に死と出会ったとしたら、もう私が生きる経験は途切れてしまう。だから真に死を経験することはできない。死ぬことの経験は、必然的に不可能なものとなる部分を秘匿しつつ生きられる、と言える。

それゆえ、私たちが深く〈死ぬこと〉を経験するためには、自分とは異なる、他なるもの――とりわけ、他なる人――が死にゆくとき、その傍らに踏みとどまって、正面から見つめつつ、〈あたかも私自身が死にゆくかのように〉模擬すること、模擬的に〈死ぬこと〉を生きること。そういう模擬性が不可欠である。初めから模擬的に経験すること（そういう部分）がなくてはすまされない。死ぬことを経験するためには、初めから模擬的に経験することが不可欠なのである。それゆえ、模擬的――その意味で、虚構的――な仕方で〈死ぬこと〉を生きることは、死の経験にとって、本来的で、根源的なものである。後から付け加わったものではない。こういう独特な出来事の経験は、〈もともと最初から〉模擬的＝虚構的にしか生きられない面を持っている。したがって、こんな「最初」は、実のところ、真の意味での「最初」にはなりえない。全的に充満した様態で〈最初から＝起源から〉と決定してしまうことはできない。

なぜなら〈最初から模擬する〉というのは、一種の背理的な言い方、語義矛盾を含んでいる言い方であって、〈模擬する〉ということはどうしても〈あるやり方で反復する〉ことであり、奇妙な言い回しではあるけれども、〈反復することから始まる〉ことになる。死ぬこと（すなわち死に近づいてゆくこと）という出来事の経験は、不可避的に、どうしても模擬的に生きるほかない部分を含んでおり、それに応じて〈反復することから始まる〉側面を必ず秘めている。

通念に従ってひとが信じているような意味での起源や始まりや最初はありえない。つまり、本来的に、絶対的に自己同一性の確定している源（オリジン、起源、初め、最初）というものは存在しない。言いかえれば、神話として以外には、もしくは神によって創造されたもの以外には、ありえない。死ぬことの経験は、そもそも最初――最初ではない最初――から〈模擬的＝反復的である〉という様式で、そしてその効力を含んだやり方で生きられる経験である。根源的に模擬性の効力に支えられている経験――つまり、あるやり方で反復的に生きることの効力に支えられている経験――であって、そうでなければ死ぬことは経験されない。

なにゆえ〈模擬的＝反復的である〉という様式とその効力を含んだやり方で生きられる経験なのかを振り返ってみれば、それはこういう経験がいつも真の現前性として捕捉されることをかわして逃げ去る部分――〈真実として〉生きられることの不可能な何ものかの部分――を内包しつつ経験されるほかないからである。こうして、死ぬことという出来事を経験することは、〈不可能なもの〉となる何かにいつもつきまとわれている。

死ぬことの経験は、むろんその真実を求めて、言いかえれば〈真の死〉を希求して近づいていく。だがしかし、見たとおり、私が死ぬことに向かい、どれほど接近していったとしても、ただ限りなく近づいていくだけである。ついに私は死そのものと――現前的に――出会うことはない。現在として死ぬことを経験することはできない。私の意識の現在において、まさに私へと真に現前するもの――真に現れるもの――としては生きられない。

死ぬという出来事に近づいてゆく経験は、〈現在として〉その出来事に出会う、という仕方で生きることがありえない。現在的な――真に現前する――出来事として経験される可能性をいつも取り逃がし、見失ってしまう。つまり真の現前性として捉え、判明に認識して理解する、そして言い表す、という可能性をつねに捉え損ねつつ、経験されるほかない。そんな部分が必ず秘められている。

それゆえ、こうした独特な出来事は、〈真に現前するものとして――私の意識によって――経験され、十分に経験し尽くされて完了する〉ということがありえない。だから真の意味での「経験」――フッサール的な現象学が問題にするような「経験」――にはならないままだろう。すなわち〈私が主導権《イニシアティヴ》を持って生きる経験〉になりきることはない。死ぬという出来事に近づいてゆく経験（たとえば、バタイユが「ヘーゲル、死と供犠」（一九五五年）で示唆しているとおり、供犠＝祝祭がそうであるような経験）は、そうした奇異な、独特な経験――私が真に現在的に経験し、十分に経験し尽くし、経験し終わる、ということのありえない経験――のうちにとどまる以外ない。そして、〈真の死〉に――死そのもの（の現前）に――到達するのが不可能であるからこそ、つまりそこに近づけば近づくほど、〈真の死〉から逸れ、遠ざかるからこそ、また再び近づこうとするほかない。言いかえると、無限に終わることなく近づく運動を反復するほかないのである。

このように見てきたことは、供犠（および祝祭）という出来事、またその核心的部分である、自らにとって貴重なもの、最愛のものを犠牲にし、留保なく消尽する――非生産的な仕方で濫費する――という出来事、さらには純粋に放棄するかのように贈与するという出来事にも、類比的な仕方であてはまるものである。こうした独特な出来事の経験は、つねに〈不可能なもの〉につきまとわれており、そこから抜け出すことはない。

贈与のような出来事の経験は〈初めから〉模擬性を含んでいる経験であり、そしてそれと同時に独特な真実を告げる経験である

贈与、サクリファイスという出来事の経験は、前にも触れたとおり、〈真実の〉出来事の経験として――あるいは、〈虚偽の〉出来事の経験として――明確に決定される仕方で生きられることはきわめて難しい。むしろ、不可能なところがあるだろう。つまり、真の贈与（けっして交換的なものと混ざり合うことはない純粋な贈与）、真の自己犠牲《サクリファイス》（いかなる埋め合わせにも代償にもまったく関わらない放棄）として決定されるのは不可能な部分を秘めている。

私たちがふつう、この出来事は〈真なる〉現実であるとか、〈真に現実的な〉出来事であると言うとき、それは、伝統的・常識的な思想では、現前性という様態に結ばれている。真なる現実をなす事象・事件とは、私が、その事象・事件を、私（の意識）の現在において、明瞭に現れる対象として経験できることに結ばれている。つまり、その事象・事件を、私の捉える対象＝客体として、意識的、現在的に知覚し、認識し、了解する、そして明確に言述する、ということが可能でなければならない。そうすることで、私の〈知〉が、その対象である事象・事件と一致し、適合しているのでなければならない。見たとおり、スコラ哲学は〈知ト物事ノ一致〉を真実＝真理とみなしたし、カントにおいても認識、言表、判断が、その対象である事象・事件と一致していることが真実だと考えられている[3]。

しかし、贈与、サクリファイスという出来事は、現在としてのみは生きられない面を含んでいる。私へと真に現前するものとして生きられる可能性を、つねに取り逃がしつつ——つまり、真の現前性として生きられる可能性がいつも逃げ去るのを、そのまま逃げ去るに任せつつ——経験されるほかない面がある。すなわち贈与、サクリファイスの経験は、〈真実としては〉経験されない部分をどうしても内包している。ちょうどその程度に応じて、贈与、サクリファイスの経験は、初めから模擬的に生きられる——つまり、反復的な仕方で、ある種の虚構性をおびたかたちで生きられる——という様式（とその効力）を秘めているものとして経験されることが不可欠であり、なくてはすまされない。

こうした反復性、模擬性（そして虚構性）は、贈与、サクリファイスの経験にとって本来的で、根源的なものである。後から付け加わったもの、派生的に生じたものではない。二次的ではなく、一次的である。贈与、サクリファイスの経験は、初めから——初めではない初めから——模擬性＝虚構性を含んだ経験である。根源的に模擬性、反復性を含んでいる経験であり、そうでなければ贈与、サクリファイスは経験されない。ここで問題とされる反復、模擬、虚構は、むろん通常の、常識的な意味ではない。つまり、まず起源＝始原の項とみなされる何か（いわゆる真なる現実をなす何か、本物、原物、原本、オリジナルだと信じられる何か）が在り、それを、後から二次的に模倣し、同じままに繰り返して——その意味で、反復して——表象＝再現する、と思われている模擬、虚構ではない。

そうではなく、贈与、サクリファイスという出来事は、初め（ではない初め）から反復される仕方、根源的に模擬、虚構を含んだ仕方においてのみ経験される——そういう側面・部分がある——のであり、そうでなければ経験されない。

そして、贈与、サクリファイスという出来事がこのように根源的に反復、模擬、虚構をうちに秘めた仕方で生きられること——そんな側面・部分を内包していること——は、その贈与、サクリファイスの経験が真実を告げることと矛盾するのではない。それどころか、見たとおり、真実を告げることの条件でさえある。その経験は模擬的、反復的に生きられる面を秘めているが、そうであることによってまさに真実を告げているのである。その経験は真実を告げているが、そうであるのはまさしく反復的に——模擬する仕方で——生きられているから、そういう面を秘めているからである。

贈与、サクリファイスという出来事は、必ず根源的な模擬性＝反復性を含んだ経験であり、そうでなければ経験されないが、そのように根源的な模擬性＝反復性を含んでいる経験であることによって――同時に――真実を告げる経験なのである。こういう模擬的、反復的な経験としてのみ、現実的《リアル》であり、独特な真実をなす。つまり特異な真実味を味わうようにさせるのであり、独特な現実性《リアリティ》を感じさせるのである。それは、ちょうど演劇（そして、広く言えば、文学・芸術）が必ず根源的な模擬性＝虚構性を含んでいることを通して、特異な真実味を味わうようにさせ、独特な現実性を感受させるのと類比的である。

それゆえ、贈与、サクリファイスには――さらに言えば、贈与的次元を含む出来事、自己犠牲的次元を持つ出来事には――、それが存在するのか無なのか、真実なのか虚偽なのか、という二分法的思考のレヴェル、伝統的な知による認識のレヴェルでは、どうしても決めがたい剰余が秘められている。贈与、サクリファイスには、真なるものかそれとも偽りなのか、という二項対立的な区分によってはどうしても適切に区切ることのできない、一種の宙吊り状態が絶えず消えることなくとどまっている。

こうして、贈与、サクリファイスには、〈真の贈与である、真の自己犠牲である〉、あるいは〈偽りの贈与である＝贈与という外観を取った交換である〉〈偽りの自己犠牲である＝自己犠牲のように見えるけれども、やがて償われ、消失したものを回収し、大きな利得を獲得する再‐自己所有である〉と決めてしまうわけにはいかない試練がつきまとうことになる。いつまでも決定不可能なものの試練のうちにとどまることになる。

贈与には決定不可能な試練が終わることなく繰り返され、そのつど〈贈与なのか？〉という問い直しを受けるだろう

以上のように見てきたことからわかるのは、何だろうか。それはつまり、贈与、サクリファイスという出来事——すなわち、自らにとって最愛のものを、非生産的に、何にも役立たない、無益な仕方で犠牲にし、消尽することであり、また自らの貴重な部分を、放棄する仕方で、贈与することであるような出来事——は、それが〈真のサクリファイスである、真の贈与である〉と決定することがこのうえなく難しいものであるのみならず、実のところ、決定することはありえない、不可能なところがある、ということだろう。決定不可能性にいつもつきまとわれている。そして、いわば〈不可能なものの試練〉のうちに宙吊りになっているのである。

贈与のような出来事は、真に〈現在において私へと現前するもの〉としては生きられない、超過した、過剰な部分を秘めている。いつも私の主体的能力とその活動を越え出す部分を隠し持っている。それゆえ、私がその出来事を〈真に経験し尽くして完了する、経験し終わる〉ということがないので、つまり、〈私が主導権を持って生きる経験として完了する〉ことがありえないので、〈まだ来ていない〉何か、なお来るはずの、〈来たるべき〉何かがつねにとどまっている。言いかえれば、いつも〈事後的に再来してくるもの〉として生きられる領域が潜んでおり、終わることなく反復的に生きられる。そして、そうやって反復的に——模擬する仕方、虚構性をおびたやり方で——生きられるたびごとに、絶えず繰り返し問い直される。つまり、〈真に純粋な贈与なのか、贈与としての贈与なのか、それとも贈与であるという外観を示しつつ、贈与であることから変質して交換に帰着する非贈与

なのか〉という問い直しを受けることになる。

贈与（あるいはサクリファイス）という出来事は、いつまでも〈贈与（としての贈与）なのか？　真の犠牲（自己放棄となるような犠牲）なのか？〉という疑問符を付けられる。そうした問いによる中断、宙吊り状態を抜け出すことはありえないだろう。〈純粋な贈与である、真の自己犠牲である〉と決めてしまうのは不可能であって、決定しえない、不可能なものの試練がどこまでも繰り返される。言いかえれば、贈与、サクリファイスは、〈真に純粋な贈与である、真に自己（の貴重な部分）を犠牲にしている〉と決定することの不可能な試練とともに起き、この試練と切り離せない仕方で起こるのである。すなわち、贈与、サクリファイスは、〈真の贈与である、真の自己犠牲である〉と決定することの不可能な試練とともにしか起こらない。そして、いつまでも反復的に問い直しを受け続ける。

決定しえないものの試練によって中断され、絶えず問い直されること。それこそが贈与に力を与える

では、こういう不可能なものという試練は、贈与、サクリファイスの価値を疑わしいものにするのだろうか。その価値を縮減してしまうのだろうか。贈与、サクリファイスはつねに疑問符を付けられており、境界線のうえで揺れているので、その価値もあやふやなものなのだろうか。

そうではない。むしろ、逆である。このように通り抜けることの難しいアポリアにとらわれていること。のり越えがたい、解消しえない両義性にさらされ続けていること。いわば決定しえないものの試練によって中断され、決めがたい宙吊り状態にとどめられること。それこそがまさに、逆説的では

あるが、好運《チャンス》なのだ。

贈与的出来事、サクリファイス的出来事では、純粋な贈与である――自己の貴重な部分を真に放棄する自己犠牲である――と決められないし、また、まったくの非贈与である（等価的なものの交換である）――やがて報われ、償われて全体性を回復する再‐自己所有である――とも言いきれないやり方で中断する動き、宙吊りにとどめる動きがつねに反復される。そのなかで、終わることなく繰り返し異議を提起され、〈ほんとうに贈与なのか？　放棄としての自己犠牲なのか？〉という問い直しを受けてやまない。そういう決定しえない不可能なものの試練による中断、宙吊り状態を経ること。そして、それゆえ、やむことのない問い直しを受けること。そのことによってのみ、贈与は――あるいは自己犠牲《サクリファイス》は――まさに贈与としての価値、自己犠牲としての価値を保つことができるのである。

さらに言えば、このように絶えず決定不可能な試練にさらされ、問い直しを受けてやまないことこそが、逆説的にも、贈与に力を与えるのだ。最終的＝決定的な存在として固定されてしまうことなく、つねに非最終的な存在として再開始されるよう促すのである。贈与が――贈与的次元を含む出来事が――また改めて〈新たに生きられる〉ようにするのだ。別のなにか、差異化された、異なる、未知なるなにかとして〈改めてもう一度、また新たに〉経験されるようにするのである。

エピローグ

古代社会に見出される贈与的ふるまい

学問的な研究・論考には珍しいことだが、マルセル・モースは、『贈与論』の結論部分にあたる「モラルに関わる結び」のなかで次のように書いている。

けれども、ただ事実を確認するだけでは十分ではない。そこから何らかの実践を、倫理上の教えを導き出すことが必要である。〔…〕

こうした考えに基づいて、モースはこう言う。

第一に、われわれはかつて「貴人の行う大きな出費」と呼ばれていた習わしに戻るのであり、また戻らなければならない。アングロサクソン圏の国においてのように、そしてまた現代の他の諸社会——未開社会であれ、高度に文明化を遂げた社会であれ——においてのように、富裕者は昔に立ち返り、自分は同胞たちにとって一種の財務官だと思うようにならなくてはいけない（自由に立ち返るのがよいが、強制されてでも立ち返らなくてはならない)。現代の文明がそこに源を持っている古代の諸文明には、五十年祭《ジュビレ》〔たとえばユダヤのヨベルであり、そこでは奴隷の解放、負債の帳消し、人手に渡った土地の元の所有者への返還などが行われた——訳者による註〕を実施するものがあった。ギリシア・ローマ文明のように、レイトゥルギア〔アテネの富裕者が公共奉仕を行う〕、コレゴス〔富裕な市民が資産を提供して、演劇における合唱隊を組織する〕、トリエラルキア〔アテネの富裕者が義務として、ガレー船の艤装を行う〕といった制度を持ち、シュシティア〔共同の食事〕を行うものもあった。行政長官や執政官〔ともに古代ローマの政務官〕が義務的に大きな支出を行うものもあった。これと同じようなジャンルの法制にもう一度遡らなければならないだろう。〔…〕

このようにして、われわれは、原初的《アルカイック》・古代的なものに、部分的にであれ基礎的原理に戻ることができるし、また戻らなければならない。そうすればわれわれも、生と行動を導くある種の動機を再び見出すことができるだろう。こうした動機は、いまなお多くの社会やその諸階層が有しているものである。すなわち、それは、公的に贈与する喜び、美的・芸術的なものに気前よく出費する喜び、人を歓待する喜び、私的な、また公的な祝祭を行う喜びなどである。共同社会による生活保護、相互扶助や協同への配慮、職業集団、法人団体による保障や援助〔…〕。それらは、かつて地主貴族が借地人に認めた、個人的な安全などよりもずっと良いものだ〔…〕。

(Mauss 1950 (1991), pp. 262-263/四〇四—四〇七頁)

モースは、私たちは古代に「貴人の行う大きな出費」と呼ばれていた習わしに戻ることができるし、また戻らなければならない、と言う。たとえば、古代ユダヤにおける「五十年祭」では、負債、過ち、罪などのせいで奴隷の身分に落ちた者が、元の身分に戻された。また、負債が帳消しにされたり、人手に渡った土地が元の所有者、その後継者に返還されたりした（ユダヤ社会の伝承ではそう言われている）。古代ギリシア・ローマでは、富裕者たちは、「大きな支出」の例として、たとえば、公共奉仕を行ったり、資産を提供して演劇における合唱隊を組織したり、自分の資金でガレー船の艤装を行ったりした。

さらにモースは、一九二五年ごろに書かれたこの書物のなかで、今日で言えば、アメリカ式の〈野蛮な資本主義〉に対抗して、恵まれない人々のためにセイフティ・ネットを構築することを語り、またある意味では、北欧風の福祉国家を実現することも視野に入れている。たとえば、共同社会による（困窮者の）生活保護の充実であり、相互扶助や協同への配慮である。さらには、職業集団、法人団体による保障や援助・支援などの社会保障である。

こうしてモースは、古代社会に見出される特別の、注目に値する行為やふるまいを指摘しつつ、それらが贈与的性格、贈与的次元を持つふるまいであることを示唆している。モースは、そうした贈与的次元を持つふるまいに「戻らなければならない」という言い方をしているが、これはひとつの言い方であって、モースが主張したいのは、古代社会における贈与的性格を持つふるまいと同じような贈与的次元を含むふるまいを復権させること、さらには贈与的ふるまいをもっと大規模に展開することである。モースの思考は、見たところ、妥当な、熟慮した考え方だと思える（あとでも触れる）。

善意による贈与的ふるまいも、徹底して純粋な贈与であろうとすれば、通り抜けることの難しいアポリアを免れない

モースはまた、私たちが「原初的《アルカイック》・古代的なものに、部分的にであれ基礎的原理に戻ることができる」ならば、私たちも、「生と行動を導くある種の動機を再び見出すことができるだろう」と言う。モースの言いたいことを敷衍すれば、そういう動機は、〈労働する者＝仕事・作業をする者としての人間、生産活動をする者としての人間〉の心をつね日頃占めている動機ではない。生産中心主義的な心的習性に基づいている動機ではない。産み出された富や財を消費し、享受するときにも、絶えず再生産がうまく進むよう気づかい、再生産の拡大に役立つよう願い、暗に期待しつつ消費する、というような心的習性に導かれた動機ではない。

そうではなく、むしろそんな心的習性、暗黙の期待に対抗し、それを破るような動機である。モースの考えでは、そうした非‐生産主義的な心性による動機は、「いまなお多くの社会やその諸階層が有しているもの」である。それゆえ、モースによると、もし私たちが原初的・古代的な習わし、その基礎的原理を復権させるすべを手に入れるならば、現代人においては衰退している動機――自らの内部で弱まり、眠り込んでいるような「ある種の動機」――を活性化させることもできるかもしれない。例をあげれば、「(私的に贈り物をするというよりも、もっと大規模な仕方で) 公的に贈与する喜び」という動機であり、あるいはまた「人を歓待する喜び」、「美的・芸術的なものに気前よく出費する喜び」、「私的な、また公的な祝祭を行う喜び」という密かな動機であるが、それらの動機を再び強力な

ものにすることがありうるかもしれない。

こうしたモースの考えは、前にも見たとおり、妥当な、熟慮された思考であり、また、よくバランスに配慮した考え方だと思える。ただ、ある意味で、凡庸な、鋭さを欠いた思考であるようにも見える。それを承知で、モースは自らの考えを述べているだろう。

原始社会における贈与的ふるまい（多くは交換的なものと混ざり合う）を熟考するなかでモースが理解したところでは、極度に純粋な贈与がそうだと思える過剰なまでの気前のよさは、しばしば行き過ぎて災いをもたらす。過激なポトラッチのような贈与、極端に自己消失的な贈与は、ほとんどの場合〈威信を賭けた競い合い〉を激化させ、不和や争いをもたらすおそれが大いにある。それゆえ、避けたほうがよいとモースは考える。さらに言えば、穏当な、よくバランスに配慮しており、両極端――まったく純粋に消失的な贈与、そして、まったく単純明快な交換――を避けた、微妙な位置を取ることや〈中庸〉を尊重するふるまい方を保持することは、両極端を追求することと同じくらい、むしろそれ以上に難しい、維持しがたく、達成しがたいことである。モースはそのことを十分考慮したうえで、自らの考えを主張しているのだろう。ただし、ポトラッチ風の過激な贈与が不可避的に〈競い合い〉を激化させ、不和をもたらすとは限らない、と言わねばならない。

付け加えておくと、こういう思考様式に類似した思想は――むろんモース以前にも、一九世紀のサン＝シモン主義、フーリエ主義のような〈空想的な〉社会主義思想というかたちで存在したが――ある種の社会的連帯を重視する思想としてやがて多くの人々によって表明され、受け継がれていく。そして、こうしたモース的な問題提起、問いかけが〈窮境にある他者の発する、しばしば無言のままの呼びかけに応答しよう〉とする責任感・義務感に基づいているものであり、もっぱら善意によって贈与的次元を持つふるまいへと促そうとしているのは疑う余地がない。

ただ、そのことは十分に確認したうえで、なお次の点はどうしても指摘しなければならない。それは、いま見たようなモース的な問題提起、問いかけもまた、厳密に考えれば、〈ほんとうに贈与的である〉と定まって存在するとは限らず、私たちが本書で考えてきた〈贈与の出会うアポリア〉を免れていると信じ込んではならないだろう、という点である。

根本的に言って、ひとが贈与するということは、このうえなく大切なもの、（その人にとって）固有な、特別の、最愛のものを譲り渡すことであり、断念することである。常識的な判断、理に適った仕方による判断に従うなら、行き過ぎであり、過剰であると思えるような様態で譲渡し、放棄することである。

だからそれは、言いかえると、〈贈与しえないもの〉を贈るということである。譲ること、手放すことなど考えられない何か、贈ることのありえない、最も貴重な何か、極端に言えばアブラハムにとって唯一の息子イサクがそうであるような何かを手放し、贈ること。それが——そして、おそらくそれのみが——贈与することなのだ。ただ、そうした贈与が〈起こる〉ときにも、歴史的、伝統的に眺めてみると、やがて必ず返礼・返済や報酬を受けて補償されると——ほぼ無意識的なままに——期待され、信じられている。後に来る時になれば、神的審級の加護のもとに恩寵が授けられる、と暗黙のうちに期待され、信じられたうえで、初めて、贈与は〈起こる〉ようになる。

それゆえ、そういう贈与は、時間の流れとともに交換的なものに帰着するという両義性にさらされており、もしそんな曖昧さを抜け出そうとすれば、つまり真に純粋な贈与、贈与としての贈与であろうとすれば、必然的に、これまで本書で検討してきたとおり、きわめて困難な隘路をたどり、難しい事態に直面するのではないだろうか。通り抜けることの難しいアポリアに遭遇し、それに難渋するのではないか。どうしても不可能なものに突き当たり、そこにほとんど宙吊りになるのではないか。

たとえば、他者の求め――無言の訴えかけや呼びかけ――に応答して贈り物をすること。宗教（ユダヤ・キリスト教、イスラム教、仏教のような）がそうすべきだと説くように、自分の富（の貴重な部分）を犠牲にして、他なる人に贈り、譲ること。それは徳ある善き行いであり、人間としての責任・義務でもあるとされている。だが、しかしそういう贈与的次元を持つ行為・ふるまいが、真の意味で贈与することになる――そう定まる――とは限らない。むしろ、厳密に言えば、純粋な贈与――贈与としての贈与――になるやり方で〈贈ることになる〉とは決まらないだろう。どうしても決定しえない何かがとどまるのではないか。

「異邦の人を歓待する」というふるまいは、贈与的次元を持つ出来事になるのでなければありえないだろう

モースは、私たちが、原初的・古代的な習わしのひとつであり、その基礎原理である贈与的ふるまいを復権させることを通じて、「生と行動を導くある種の動機を再び見出すことができるだろう」と主張している。そして、公的に贈与する喜び、美的・芸術的なものに気前よく出費する喜び、私的な、また公的な祝祭を行う喜びという「動機」と並んで、人を歓待する喜びという「動機」をあげて

いる。この点から推定すると、モースは、「人を歓待する」——他なる人を尊重し、迎え入れるという行為が贈与的ふるまいに深く関係することに気づいていたと思われる（ただし、この「他なる人」というなかに、異邦の人、外国人、〈余所者《よそもの》〉まで含まれていたのかどうかは、断言できないけれども）。

そして、これに関連して言えば、今日の世界において、アクチュアルな問題、緊急の、焦眉の、難しい問題、すなわち到来する、多くの移民・難民にどう関わるのか、という問題が浮かび上がる。

実際、「人を歓待する」というふるまいは、贈与的次元を持つ出来事になるのでなければありえないのではないだろうか。異邦の人を迎え入れ、もてなし、歓待するときにも、他なる人と私の関係の基本は、やはり向かい合いである。つまり、絶対的な対 - 面の関係にほかならない。他者と私の真剣な、切実な向かい合いという関係は、常識的に把握すると、他者をよく位置づけ、よく知り、認識し、よく理解すること、そしてお互いに相手をよく了解することによって成り立つように思える。こうした認識や理解に努めることが大切であるのはまちがいない。

しかし、けっしてそういうよき認識とよき理解・了解にとどまることはない。むしろ私は、自分が向かい合う他者を——その他者性を保ったままの他者として——尊重しようとすれば、他者には、私の認識と理解をかわしてしまうところ、私の認識の能力を超えているところがある、私の理解が到達しえない部分、私にはわからない、未知なる部分が秘められている、とつねに感受し、思い至ることになるだろう。

「プロローグ」で触れたように、多くの場合、切実な向かい合いの関係において、私は、この他者が私の主体的能力を超えている何か、私の認識と理解の能力がどうしても届くことのありえない、到達不能な何かを秘めていることに、絶望させられるほど深く突き当たることはない。私は自分の主体的能力が主導権を持つということを信じたままであり、他なる人の現前そのものが私に向けて発する問いかけ、異議申し立てによって、私の能力や活動性が根本的に問い直されるまでに至ることはない。

私は、自分がこの他なる人（の密かな部分、私が近づこうとすると、逸れてしまい、逃げ去る部分、固有な、特異な何か、すなわちこの他者を、私にとって他者たらしめている何か）をよく知り、認識している、十分に理解している、と考える。どうしても、そう思い込んでしまう。そうやって私は、他者〈としての他者〉を、〈私が認識し、理解することのできる他者〉へと還元することになる。しかし、他者を迎え入れること、歓待することは、他者を、私が理解できる他者に変えることではない。そうであってはならないだろう。

他者を迎え入れるということ――それは、近づけば近づくほどどうしても逸れてしまい、逃げ去る何かを潜在させている他者、私とは異なる、未知な、異邦的な何かを秘めている他者を迎え入れ、その他者性を尊重する仕方で関わる、ということである。真に関わることのできない何かを宿している他者に、それでも――現前的な仕方では――関係できないままに関係し続ける、ということである。関係しえないものへの関係、不可能性の関係への関係をやめないことである。

そういう未知の、疎遠な、異邦的な何かを秘めている他者をあえて迎え入れるということは、私が同質的なものに執着するのを断念し、やめて、進んで異質的なものに浸されるのを受け入れることに当たる。そして、異質的なものを受容するために、私に固有な、大事なもの、特有な、貴重なものが

〈変化させられるのに耐え、我慢し、受け入れる〉ことに相当している。私が強く愛着しているもの、いわば私に固有な、独特な特性だと思える何か、私の固有性、個性、特異性をなす、このうえなく貴重な何かに固執するのをやめ、断念すること――ある意味で、放棄し、贈与すること――に匹敵する。

私に固有な、特有な、貴重な何かに執着するのをやめ、諦めるというのは、端的にそれを失う、無くすということだろうか。そうとは限らない。そうではなく、異邦的な他者に特有な、独特なものを迎え入れるせいで、私の固有性・特性が自己同一的なもののままとどまることができず、異なるものへと変化するのに耐え、その変化を受け入れる、ということである。私(の固有性=特異な同一性)は、言うならば、自ら変わろうとするのだ。

こうして、異邦の人を歓待する、迎え入れる、ということは贈与的次元を含む出来事になるほかない。

〈贈与しえないもの〉を贈与する、譲りえないもの(自分にとって固有な、特有なもの、唯一の、最愛のもの)を譲るということ。見たとおり、それは、基本的に言えば、不可能なことであって、起こるはずのないことである。だが、それでも他者としての他者が呼びかけるもの、無言のうちに訴えかけるものに応える責任・義務の動きのなかで、自らに固有なもの(の特性)に固執するのを断念する、という贈与的ふるまいが起こることもありうるかもしれない。

ただ、そういう際には、ほとんど必然的に期待――しばしば自分では意識しないままに抱かれる期待――が生み出される。つまり、後に来る時になれば、なにかしら報い、恵みが授けられ、償われるにちがいない、とほとんど無意識的なまま期待を抱くことになる。こういう背景を踏まえれば、贈与的ふるまいは、必ずしも贈与的であると定まるとは限らない。むしろ、贈与的なのか、非贈与的なのか、なにも決定されていないと受け取るべきだろう。真に純粋な贈与、贈与としての贈与であると定まること——定まって存在するようになること——はありえない、不可能なことである。

他方で、まったくの非贈与(単純明快に交換的なもの)であると決定されるということもありえない。いつも両義的な曖昧さにさらされている。決定することの不可能性につきまとわれる。そして、不可能なものに突き当たって、贈与的ふるまいの動きはいったん中断され、問い直しを受ける。問い直されつつ、また新たに開始されるだろう。こういう試練はたしかに危機でもある。が、しかしまた同時に好運《チャンス》でもあるのではないか。

贈与のような出来事は必ず模擬的、反復的に生きるほかない部分を含んでいる

贈与的出来事に固有な独特さを、再確認してみよう。前に触れたとおり、贈与、自己犠牲《サクリファイス》は、特異な瞬間における激しい出来事であり、この激しさ——主体としての人間を超えている激しさ——がなければ出来《しゅつたい》しない。

そうした特異な、奇異で、稀有な瞬間。それは、たとえば、捧げる人間が、捧げられ、手放され、破壊される羊、死にゆく羊に惹き込まれ、ほとんど同一化しつつ、自らもまた限りなく死に近づいてゆく瞬間である。そうした死への接近の瞬間には、ひとはもう通常の時間、この世界の時間、時計で測られる〈量〉としての時間のうちには存在しない。通常の時間の関節が外れたような、奇異な時間性を生きる。つまり、この世界の時間《クロノス》が破れた、裂け目の時間に存在している。こうした裂け目の時間においてのみ、おそらく贈与、サクリファイスは、あいかわらずありえないものではあるが、激しい、強烈な出来事として、かろうじて起こりうる――起こるとは言えないままに起こる――のではないだろうか。とはいえ、可能なものになるというわけではない。やはり不可能なもののままである。

そうした激しさは〈明晰な自己意識〉とは相容れない。明晰な意識である主体の能力――判明に区切って捉える認識や理解の能力――の限界を超えている。少し極端に言うと、贈与する主体は、その贈与的ふるまいに没入する瞬間、いま現に贈与とは何であるか、ということを明確に区切って把握してはいないほどなのである。

こうして贈与のような出来事には、現在としてのみは生きられず、私へと真に現前するものとして生きられる可能性を、つねに取り逃がしつつ――つまり、真の現前性として生きられる可能性がいつも逃げ去るのを、そのまま逃げ去るに任せつつ――経験される以外ない部分が潜んでいる。言いかえれば、贈与、サクリファイスのような出来事を生きるとき、私はその激しい出来事を〈真に自分が生きる経験として生き、そして全的に生き尽くして、経験し終わる〉ということがない。私は、自分がその激しい出来事を、真に主導権《イニシアティヴ》を持って生きた、全的に経験し尽くした、自らの生きる経験として完了した、と言明することは不可能なのだ。それゆえ、こう言うこともできるだろう、すなわち、贈与、サクリファイスのような出来事には、私が主導権を持って生きる経験として完了すること――経験し終わること――がありえない、過剰な、超過した部分、だから、いつも事後的に再来するものとして――反復的に――生きられる部分が潜んでいるのではないだろうか、と。

マルティン・ハイデガー（一八八九―一九七六年）が『存在と時間』（一九二七年）の第二篇第一章以下で精密に考えている――そして、バタイユやブランショ、レヴィナスも、独自な視点から注目し、探索し続けている――〈死ぬことに関わる存在〉を参照してみよう。死ぬという出来事の経験では、私が真の死（の現前）に近づけば近づくほど、それだけいっそうそこから遠ざかってゆく。だから私はまた再びそこに向かって近づいていくほかない。無限に終わることなく近づくことを反復するほかない。それと類比的に推定すれば、贈与のような出来事は、真の贈与に向かっていくけれども、ついに贈与そのもの（の現前）に到達することはない。限りなく近づいてゆくだけであり、この近づくことを反復するほかないだろう。

ハイデガー

贈与、サクリファイスのような出来事は、ひとえに反復的に――すなわち、模擬する仕方で――生きられる以外ない何かを秘め、内包しているのではないだろうか。

というのも、贈与、サクリファイスのような出来事の経験は、ちょうど死ぬことに接近していく経験と類比的に、真実としては――真の現前性という様態においては――経験されることのありえない何かを含みつつ経験されるから。そして、まさにその程度に応じてどうしても模擬的＝反復的に生きられる――その意味で、虚構的に生きられる――部分を持つから。

不可能なものという試練、絶えず中断され、問い直されること、それに力を得て再開始すること

言いかえてみよう。死ぬことの経験は、深く探ってみれば、死そのもの（の現前）と出会うことはできず、〈真の死〉としては生きられない部分、すなわち〈真実としては〉経験されない部分を不可避的に内包している。ちょうどその程度に応じて、死ぬことの経験には、〈あたかも死にゆくかのように〉模擬的に生きられるしかない側面、初め（とは決まらない初め）から――根源的に――模擬性＝反復性という様式とその効力を含んだ仕方で経験されることが不可欠である側面がある。そして、そんな〈根源的な模擬性＝反復性〉の効力を含む経験を通じて、初めて、その独特な真実――特異な真実味と現実性《リアリティ》――が生きられる。このことは、贈与のような出来事の経験にもあてはまる。

贈与、サクリファイスという出来事の経験は、なんとしても〈初めから（つまり、初めではない初めから）模擬性＝反復性に基づくやり方〉によって以外経験しようのない部分を含んでいる。それゆえ、必ず模擬性――たとえば、改めてもう一度（また新たに）贈与するかのように、という模擬性＝虚構性――の様式とその効力を内包している仕方で経験される。そして、そんな〈根源的な模擬性〉を含む経験を通じて、初めて、その独特な真実が生きられる。つまり、贈与の真実、サクリファイスの真実が生きられる。おそらく特異な真実味と現実性《リアリティ》として生きられるだろう。

このように、贈与の真実、サクリファイスの真実というのは、あくまで独特な真実であって、伝統的、常識的な〈知〉が主張する意味での真実ではないのではないか。スコラ哲学以来の伝統的思想で問題にされる真実＝真理とは異なっている。「知ト物事ガ一致シテイルコト」ではない——つまり、私たちの知、認識が、その対象である物事・事象と適合し、一致している、という意味での真実ではないだろう。

贈与、サクリファイスという出来事は、独特な真実——特異な真実味と現実性——を有するのであって、そういう独特な真実は、伝統的哲学・思想の真理論や認識論がそう問うように、存在なのか無なのか、真なるものか偽りのものか、原物なのか模擬なのか、という二項対立的な区分には適合しない。贈与、サクリファイスは、そうした独特な真実を有するのであるから、常識的な知的判断、たとえば本物なのか模倣なのかという二分法的判断に従って、〈真の贈与である〉、〈真の自己犠牲である〉と決定することはこのうえなく難しいことであり、むしろありえないことではないだろうか。真の贈与である（けっして交換的なものと混ざり合うことのない、純粋な贈与である）と決定すること、そしてそう定まって存在するようになることは、ありえない、不可能なことではないだろうか。

こうして、贈与、サクリファイスには、〈真の贈与である、真の自己犠牲である〉、あるいは〈偽りの贈与である、贈与という仮象を取った交換＝非贈与である〉、〈偽りの自己犠牲である、自己犠牲のように見えるけれども、やがて償われ、消失したものを回収し、利益を獲得する再‐自己所有である〉と決めてしまうわけにはいかない試練がつきまとうことになる。いつまでも決定不可能なものの試練のうちにとどまることになる。

こういう試練はたしかに危機的な面も持っているが、しかしまた同時に好運でもあるだろう。このように決定しえない不可能性の試練のなかで、中断され、ほんとうに贈与なのかという問い直しを受けることが贈与的出来事にとって最も大切なことではないだろうか。〈贈与なのか？〉と問い直されることで、いったん宙吊りにされつつ、この問い直しからむしろ力を得て、絶えず再開始へと促されるのではないだろうか。

純粋に「義務から発して」行為するのかどうか、問い直しを受けてやまないこと。それが、義務の行為に力を与え、再開始を促す

これまで考察してきたことを踏まえて、次のことも言えるだろう。

義務や責任、正しさについて考えるとき、私たちがおのずから向かうのは、贈与的次元をうちに含み、それと切り離せないような義務、正しさではないだろうか。つまり、他者としての他者――私にとって絶対的に他なるもの――の黙した呼びかけ、訴えかけに応えつつ、自らを受け合おうとする責任・義務であり、正しさである。他なるものの呼びかけ、求め、要請――ほとんど無言のままの呼びかけ、求め、要請――に応えよう、そして、応えつつ自らを受け合おうとするなら、そういう責任・義務は、また正しさは、必然的に贈与的次元を肯定し、うちに含むような責任・義務、正しさにならざるをえない。

さきほど触れた点を復習する。近づけば近づくほどどうしても逸れて、遠ざかってしまう何かを含んでいる他者、私とは異なる、未知な、異邦的な何かを秘めており、他としての他にほかならない他者を迎え入れ、その他者性を尊重する仕方で関わる、ということ。それは、私に固有な、きわめて大切なものを犠牲にすることに匹敵する。私が最も愛着しているもの、すなわち私に固有な、特有な、無二のものである何か、私のアイデンティティの核心をなすもの、このうえなく貴重なものに固執するのを——つまり、それが自己同一的であるままとどまることに執着するのを——やめ、断念することに相当する。他者に固有な、独特な、特異な何かを迎え入れることによって、私に固有な同一性・特性が変化するのを受け入れることに当たる。

そして、そういう責任・義務、つまり贈与的次元をうちに含む責任・義務は、どうしても通り抜ける道のないアポリアをなす部分、のり越えることの難しい、不可能なものである部分につきまとわれている。

カントが重視した区別を思い出そう。すなわち、真にモラル的価値を持つためには、「義務に適合して、義務に従って」行為するのではなく、「純粋に義務から発して」行為するのでなければならない、という区別である。さらにまた、別様に言いかえると、「法＝規範に従って」行為するのではなく、「法＝規範から発して」行為するのでなければならない、あるいはむしろ「法＝規範を目指して」行為するのでなければならない、という区別である。

こういう区別は、見たとおり、権利上は正当なものであり、つねに説得力を持っているが、しかし事実上は純粋に「義務から発して」行為することと、「義務に適合して、義務に従って」行為することとは、絶えず混ざり合う領域を持っているので、両者は混交され、汚染されており、その区別は厳密には維持されない。二分法的なやり方で、純粋に「義務から発してふるまう」のか、それともたんに「義務に従ってふるまう」のかを区別することが確実に維持されるというのはありえない、不可能なことである。

純粋に「義務から発して」行為すること、「法を目指して」行為する、「法への尊敬の念に発して」行為するということは、たしかに望ましいふるまい方であり、求められる実践の仕方であるけれども、しかしつねに不可能なものである部分につきまとわれている。だが、それでも、純粋に「義務から発して」行為する、「法から発して」行為する、あるいは「法を目指して」行為するということ、言いかえれば「法への尊敬の念に発して」行為するということの持つモラル的価値は、根本的に見れば、揺らぐわけでも、減じられるわけでもないだろう。

むしろ、逆である。

贈与的次元をうちに含む義務、正しさ。そこから発するふるまい。そういうふるまい・行為が、決定しえない、不可能なものという試練に巻き込まれ、絶えず中断されること。中断されつつ、疑問符のうちに投入されて、つねに問い直されること。つまり、真にモラルとしての価値を持つ行為なのか、たんに「義務に従って」、「法に従って」行為するだけではないのか、ほんとうに「義務から発して」、「法から発して」行為するのか、あるいは「義務を目指して」、「法を目指して」行為すると言えるのか、という問い直しを絶えず受けること。このように、モラル的な行為の価値が決定不可能なものという試練につねにさらされること、中断され、ほとんど宙吊り状態にとどめられ、深く問い直されること。これは、一方から見れば、危機的であろう。

だが、しかし、他方では、それこそが好運《チャンス》なのである。純粋に「義務から発して」ふるまい、行為すること、「法から発して」行為すること、「義務を目指して」、「法を目指して」行為するということに、もう一度力を与え、非最終的なもの、非完了なもの＝完了しえないものとして再開始するよう促すのだ。改めて〈また新たに生きられる〉よう促すのであり、つねに異なる何か、差異化された、他なる、未知なる何かとして〈さらにもう一度、また新たに〉経験されるよう推進するのである。

註

［第Ⅱ章］

1　こういう問いかけは、Derrida 1993 における議論を参考にしている面がある。

［第Ⅲ章］

1　ジャック・デリダは、『時間を与える』第一巻「贋金」（一九九一年）の第一章と第二章において、純粋な贈与の困難さを、つまり贈与が真に純粋な贈与として生起し、存在することの難しさを、極度に突きつめて考えようとしている。贈与は、それが「贈与である」と意識されるやいなや、もう真に純粋な贈与――贈与としての贈与――から逸れていくだろう。贈与を受ける者が、それを贈与だと意識すると、その受贈者は、自分がなにかしら恩を与えられた、負債＝借りを負っていると、どうしても感じてしまう。だから、たとえば、自分はなんとしてもこの負い目＝恩を返さなければならない、借りを返済して、相手の優位を縮減したい、そうすることで自分の劣勢を盛り返し、十分に自立した位置取り、自主性を持てる立場を回復したいと考え、願うようになる。こういう思い、考え、願いを抱くのは、だれであれ、むろん程度の違いはあるにせよ、避けがたい。

贈る者が、それを贈与だと意識すると、その贈与者は、自分が相手に恩恵を施した、自分は相手より優位に立っていると漠然とにせよ感じてしまう。それゆえ、たとえば、自分は相手から（あるいはまた神から）なにか返礼や報いを受けるはずだ、と考える。そして多くの贈与者は、はたして自分はそんな報酬を受けてもよいのだろうか、いや、自分はそうした代償を受けることは望んでいない、償いを期待して贈り物をしたわけではない、返礼や報いを受け取ってはならないだろう、だがお返しを拒むのはきわめて失礼なことにならないか、等々、複雑に入り組んだ心的動きにとらわれるようになる。このように錯綜した、複雑な心の動きにとらわれることからは、贈与が「贈与だと意識される」やいなや、どんな受贈者も贈与者も免れることができない。こうして贈与は、真に純粋な贈与であることから逸れ、外れていく。

したがって、贈与が真に純粋な贈与として起こり、純粋な贈与として存在するためには、厳密にいえば、贈与は贈与だと意識されてはならず、気づかれてはならないのである。仮に純粋な贈与が起こり、在りうるとすれば、それは意識的であること、現在的であることとは相容れないだろう。そして、「贈与はある（Il y a du don）」とは言えるかもしれないが、しかし「贈与は存在する（Le don *est*）」とは、厳密に考えるならば、言えないだろう。デリダの言い方は、後期ハイデガーの論考「時間と存在」（Heidegger 1969）を踏まえつつ、戦略的な狙いに基づいて、極端と思えるほど突きつめたものであり、きわめて厳格である。

そもそもデリダは、『時間を与える』第一巻の第二章で、モースがまったく落ち着いた口振りで、「ポトラッチ自身は、〔…〕交換される贈与のシステムにほかならない」という言い方をしていることに驚いている。つまり、モースは、もし贈与が返礼贈与を受け、交換されることになるならば、そういう贈与はもう贈与としてとどまることはできないのではないか、という問いを、ラディカルな仕方では、発していないのである。それゆえ、デリダは、次のような「驚くべき逆説」にまで言及している。すなわち、モースの浩瀚な著作である『贈与論』では、数多くの、興味深い交易、あらゆる移動・交流が記述されている、「ただし〔純粋な〕贈与だけは除外した、あらゆる移動・交流が」と書いている（Derrida 1991, p. 39）。

2　指摘されているとおり、こういう仕方で、自然からの贈与を感受し、感謝して、恩恵としての負債に応答しようとするのは、人類の最古の感情、最初の感情のひとつであり、それに伴う反応だとみなされている。後代の多くの書物、たとえば、トマス・ホッブズの『リヴァイアサン』（一六五一年）やジョン・ロックの『統治二論』（一六九〇年）のような書物にも、自然の贈与を強調する記述が見られる。むろんジャン＝ジャック・ルソーの『人間不平等起源論』（一七五五年）などにも、そういう面はある。それらは原初の感情の継承だと言ってもよいだろう。ただ、筆者の考えでは、こうした感情が〈恩＝負債〉として明確に心的に刻まれるのは、原初の時代からではあるにせよ、少し後になってからではないだろうか。人間たちがはっきりと〈神的審級の存在〉を確定し、信仰するようになることと相関しているのではないか。

3 実はここには、微妙な問題も潜んでいる。初期キリスト教が、自分を迫害する者、「敵」である者をも愛せ、と言うとき、それは異教徒、異邦人、異民族のことも含んでいるだろうか。そうではなく、文脈に即すならば、『新約聖書』の筆者・編者たちがここで念頭に浮かべているのは、ユダヤ社会のなかでの長老、大祭司、律法学者たち、支配階級のことだろう。「敵をも愛せ」という言葉が、その射程のうちに、まったくの異教徒、異なる種族・民族である「敵」をも愛し、迎え入れよ、という意味あいまで含んでいると解することはできるだろうか。この点については、稿を改めて考えたい。

［第Ⅳ章］

1 G・W・F・ヘーゲル『精神現象学』（一八〇七年）の「序論」には、次のような一節がある。「死とは最も恐るべきものであり、死に耐えることは最も大きな力を必要とする。〔…〕だが精神の生は死にたじろぎ、死という荒廃に穢されないように自らを純粋なものとして守るような生ではない。むしろ死に耐え、死を担い、死のうちに自らを維持する生である。精神は、このように絶対的引き裂きのうちに自らを見出すときにのみ、その真実を得ている。精神がこのような力であるのは、否定的なものから目をそらす肯定的なものであるからではない。〔…〕そうではなく、精神は、否定的なものを正面から見すえ、そのすぐ間近に滞在するからこそ、そういう力になるのである。こうした滞在をずっと続けることが、まさに〈否定的《ネガティヴ》なもの〉を存在に転換する、驚くべき力になる。そして〔精神の〕この力は、以前に主体と呼んだものと同じなのである」（Hegel 1977, tome 1, p. 29／三一―三二頁）。
さらにまた、マルティン・ハイデガー『存在と時間』（一九二七年）の第二篇第一章「現存在の可能的な全体存在と、死へと関わる存在」では、死に関わること――死へと関わる存在――こそ、人間の最も本来的な、固有な可能性になることが示唆されている（ハイデガー 一九七一、四二八―四三〇頁）。

2　イマヌエル・カントは『純粋理性批判』（一七八一年）において、次のように言っている。「ひとが論理学者を窮地に追い込めると思った、あの古くからの、名高い問いがあるが〔…〕、それは、真理とはなにか、という問いである。この場合、真理の定義、つまり、真理とは認識とその対象との一致である、という定義が与えられ、前提にされている」（カント 一九六一―六二、(上)一二九―一三〇頁）、「真理が、認識とその対象との一致に存するならば、このことによって、そういう対象は、他の諸対象から区別されなければならない。なぜなら、ある認識はそれが関係づけられる対象と一致しないなら、たとえその認識が他の諸対象についてなら妥当するかもしれないなにものかを含んでいようとも、偽りであるから」（同書、一三〇頁）。

3　前註を参照されたい。

文献一覧

＊『新約聖書』からの引用は、原則として新共同訳（日本聖書協会、一九八八年）に拠った。ただし、福音書からの引用のうちいくつかのものは、その口調や語法、用語に長く慣れ親しんでいる別の邦訳（「新約聖書」前田護郎訳、前田護郎責任編集『聖書』（「世界の名著」12）、中央公論社、一九六八年。のち、中央公論社（中公バックス）、一九七八年）を用いる。なお、他のものも含め、邦訳からの引用に際しては、字遣いや句読点、訳語などを本書の文脈に合わせて適宜変更させていただいた。

欧文文献

Bataille, Georges 1943 (1973), *L'expérience intérieure* (Gallimard (Les essais), 1943), in *Œuvres complètes*, tome 5, Gallimard, 1973.（ジョルジュ・バタイユ『内的体験——無神学大全』出口裕弘訳、平凡社（平凡社ライブラリー）、一九九八年）

——1949 (1976), *La part maudite: essai d'économie générale*, tome 1: *La consumation* (Les amis des Editions de Minuit (L'Usage des richesses), 1949), in *Œuvres complètes*, tome 7, Gallimard, 1976.（ジョルジュ・バタイユ『呪われた部分——全般経済学試論・蕩尽』酒井健訳、筑摩書房（ちくま学芸文庫）、二〇一八年）

——1973 (1976), *Théorie de la religion* (texte établi et présenté par Thadée Klossowski, Gallimard (Collection idées), 1973), in *Œuvres complètes*, tome 7, Gallimard, 1976.（ジョルジュ・バタイユ『宗教の理論』湯浅博雄訳、筑摩書房（ちくま学芸文庫）、二〇〇二年）

Blanchot, Maurice 1949, « La littérature et le droit à la mort », in *La part du feu*, Gallimard.（モーリス・ブランショ「文学と死への権利」、『カフカからカフカへ』山邑久仁子訳、書肆心水、二〇一三年）

Derrida, Jacques 1991, *Donner le temps*, I: *La fausse monnaie*, Galilée.

—— 1993, *Passions*, Galilée.（ジャック・デリダ『パッション』湯浅博雄訳、未來社（ポイエーシス叢書）、二〇〇一年）

Hegel, G. W. F. 1977, *La phénoménologie de l'esprit*, 2 vol., traduction de Jean Hyppolite, Aubier Montaigne.（ヘーゲル『精神現象学』樫山欽四郎訳、『世界の大思想』第一四巻、河出書房新社、一九七二年）＊引用は、本書の論旨・文脈に合わせるため、主として上記フランス語に基づく私訳。原書は、G. W. F. Hegel, *Phänomenologie des Geistes*, 6. Aufl. nach dem Texte der Originalausg. herausgegeben von Johannes Hoffmeister, in *Sämtliche Werke*, neue kritische Ausgabe, Felix Meiner, 1952. なお、邦訳は、のち、G・W・F・ヘーゲル『精神現象学』（全二巻）、平凡社（平凡社ライブラリー）、一九九七年。

Heidegger, Martin 1969, „Zeit und Sein", in *Zur Sache des Denkens*, Max Niemeyer, 1969. ＊フランス語訳は、Martin Heidegger, « Temps et être », traduit par François Fédier, in *L'endurance de la pensée: pour saluer Jean Beaufret*, Plon, 1968.

Kant, Immanuel 1985, *Critique de la raison pratique*, édition publiée sous la direction de Ferdinand Alquié, traduit de l'allemand par Luc Ferry et Heinz Wismann, Gallimard (Folio / essais).（カント『実践理性批判』（改訳）、波多野精一・宮本和吉・篠田英雄訳、岩波書店（岩波文庫）、一九七九年）＊引用は、本書の論旨・文脈に合わせるため、主として上記フランス語に基づく私訳。原書は、Immanuel Kant, *Kritik der praktischen Vernunft*, in *Kants gesammelte Schriften*, herausgegeben von der Königlich Preußischen Akademie der Wissenschaften, Abt. 1, Bd. 5, G. Reimer, 1908.

Lévinas, Emmanuel 1947 (1990), *De l'existence à l'existant* (M. Dauer, 1947), 2e éd. augmentée (Vrin, 1978), Vrin (Bibliothèque des textes philosophiques), 1990. （エマニュエル・レヴィナス『実存から実存者へ』西谷修訳、朝日出版社（ポストモダン叢書）、一九八七年）

Mauss, Marcel 1950 (1991), « Essai sur le don: Forme et raison de l'échange dans les sociétés archaïques », in *Sociologie et anthropologie* (Presses universitaires de France (Bibliothèque de sociologie contemporaine), 1950), 4e éd., Presses universitaires de France (Quadrige), 1991. （マルセル・モース「贈与論――アルカイックな社会における交換の形態と理由」、『贈与論 他二篇』森山工訳、岩波書店（岩波文庫）、二〇一四年）

Nietzsche, Friedrich 1971, *Par-delà bien et mal: prélude d'une philosophie de l'avenir*, texte établi par Giorgio Colli et Mazzino Montinari, traduit de l'allemand par Cornélius Heim, Gallimard (idées). （『善悪の彼岸』吉村博次訳、『ニーチェ全集』第Ⅱ期第二巻、白水社、一九八三年）　＊引用は、本書の論旨・文脈に合わせるため、主として上記フランス語に基づく私訳。原書は、Friedrich Nietzsche, *Jenseits von Gut und Böse*, in *Nietzsche Werke*, kritische Gesamtausgabe, begründet von Giorgio Colli und Mazzino Montinari, Abt. 6, Bd. 2, Walter de Gruyter, 1968.

――1979, *La généalogie de la morale*, texte établi par Giorgio Colli et Mazzino Montinari, traduit de l'allemand par Isabelle Hildenbrand et Jean Gratien, in *Œuvres philosophiques complètes*, tome VII, Gallimard. （『道徳の系譜』秋山英夫訳、『ニーチェ全集』第Ⅱ期第三巻、白水社、一九八三年）　＊引用は、本書の論旨・文脈に合わせるため、主として上記フランス語に基づく私訳。原書は、Friedrich Nietzsche, *Zur Genealogie der Moral*, in *Nietzsche Werke*, kritische Gesamtausgabe, begründet von Giorgio Colli und Mazzino Montinari, Abt. 6, Bd. 3, Walter de Gruyter, 1968.

Proust, Marcel 1987-89, *A la recherche du temps perdu*, nouvelle éd., 4 vol., édition publiée sous la direction de Jean-Yves Tadié, Gallimard (Bibliothèque de la Pléiade).（マルセル・プルースト『失われた時を求めて』（全一三冊）、鈴木道彦訳、集英社（集英社文庫ヘリテージシリーズ）、二〇〇六―〇七年）

Rimbaud, Arthur 2009, *Œuvres complètes*, édition établie par André Guyaux, avec la collaboration d'Aurélia Cervoni, Gallimard (Bibliothèque de la Pléiade).（『ランボー全集』平井啓之・湯浅博雄・中地義和・川那部保明訳、青土社、二〇〇六年）

邦訳文献

アリストテレス 一九七一―七三『ニコマコス倫理学』（全二冊）、高田三郎訳、岩波書店（岩波文庫）。

カント、イマヌエル 一九六一―六二『純粋理性批判』（全三冊）、篠田英雄訳、岩波書店（岩波文庫）。

―― 一九七六『道徳形而上学原論』（改訳）、篠田英雄訳、岩波書店（岩波文庫）。 ＊他の邦訳として、『人倫の形而上学の基礎づけ』平田俊博訳、『カント全集』第七巻、岩波書店、二〇〇〇年。

スミス、W・ロバートソン 一九四一―四三『セム族の宗教』（全二冊）、永橋卓介訳、岩波書店（岩波文庫）。 ＊原書は、W. Robertson Smith, *The Religion of the Semites: The Fundamental Institutions*, Schocken Books (Schocken paperbacks), 1972.

デカルト、ルネ 二〇一〇『方法序説』山田弘明訳、筑摩書房（ちくま学芸文庫）。 ＊原書は、René Descartes, *Discours de la méthode: suivi d'extraits de la dioptrique, des météores, de la vie de Descartes par Baillet, du monde, de l'homme et de lettres*, chronologie et préface par Geneviève Rodis-Lewis, GF-Flammarion (Garnier Flammarion), 1966.

ハイデガー、マルティン 一九七一『存在と時間』原佑・渡辺二郎訳、原佑責任編集『ハイデガー』（「世界の名著」62）、中央公論社。 ＊のち、『存在と時間』（全三巻）、中央公論新社（中公クラシックス）、二〇〇三年。

マリノフスキ、ブロニスワフ　二〇一〇『西太平洋の遠洋航海者――メラネシアのニュー・ギニア諸島における、住民たちの事業と冒険の報告』増田義郎訳、講談社（講談社学術文庫）。＊他の邦訳として、マリノフスキー『西太平洋の遠洋航海者』寺田和夫・増田義郎訳、泉靖一責任編集『マリノフスキー　レヴィ＝ストロース』（「世界の名著」59）、中央公論社、一九六七年（のち、中央公論社（中公バックス）、一九八〇年）。

日本語文献

今村仁司　二〇〇〇『交易する人間《ホモ・コムニカンス》――贈与と交換の人間学』講談社（講談社選書メチエ）。＊のち、講談社（講談社学術文庫）、二〇一六年。
折口信夫　一九七五「大嘗祭の本義」、『折口信夫全集』第三巻「古代研究　民俗学篇2」中央公論社（中公文庫）。
柳田國男　一九六三「稲の産屋」、『定本　柳田國男集』第一巻、筑摩書房。
吉本隆明　一九七八「喩としてのマルコ伝」、『論註と喩』言叢社。＊のち、『「信」の構造2　キリスト教論集成』（新装版）、春秋社、二〇〇四年に再録。

あとがき

贈与について考え出したのは、もうずいぶん前のことである。

長期留学していた時期に、専門的に読んでいたランボーやボードレールと並んで、バタイユ、ブランショの著作に親しんでいたが、『呪われた部分』において言及され、評価されているモースの『贈与論』に関心をそそられ、関連書も含めて少しずつ読み始めた。ランボーについての博士論文を書くなど、ほかにやるべきことが多くあったので、遅々としてはかどらなかったけれども。

帰国してフランス語の教員になってからも、ニーチェの著作、デリダやドゥルーズの書物などを読みながら、そしてとくに新約聖書を繰り返し拾い読みしながら、少しずつ贈与の問題系について考えてきた。それは、反復の問題系を考えることと並行していたように思う。ただし、相変わらず亀の子の歩みのようだった。そして、考えれば考えるほど、贈与は難しいものであるという思い、ありえない、不可能なものではないかという思いにほとんど圧倒されていた、というのが実情に近い。それでも、そういう「難しさ」を踏まえつつもう一度贈与について考え直してみることによって、初めて〈贈与的であること〉の真実に迫ることができるのではないだろうか。いまは、そう考えている。

モースやマリノフスキーの研究は、物の移動・やり取り、交流・交易に関して画期的な、大きな「発見」だったと思える。それによると、未開社会には、近・現代ではもう考えられないような独特な面、人々がおのずから贈与的ふるまいを実行し、それを当然のこととして受け止めている面がある。西太平洋のトロブリアンド諸島の人々は、〈物々交換〉のようなやり方を取るのではなく、まず贈与することから始めて〈物の交流・交易〉を行っているように見える。

クラと呼ばれるこうした独特な〈交流・交易〉を、少し距離をとり、ある時間を経て眺めるなら、初めに贈与した者が一方的に贈与し、大切な所有物を消失してしまうことにはならない。後に来る時になれば、贈ったものに匹敵するだけのものを——お返しのように——贈られ、償われるので、初めの贈与者も消失したままにとどまるわけではなく、貴重なものを受け取り、再び所有することになる。それでも、贈与する時点のみに限定して注目すれば、贈与する人は、自分が働いて産み出した生産物や制作品に執着せず、思い切って与え、譲り、放棄するように見える。自らが生産し、保持する、大切な所有物を、他なる人の求めに応じて、あえて手放し、断念して与えると思われる。こういう〈物の移動・交流・交易〉は、贈与的なのか。それとも交換的なのか。どちらとも決めがたい、決定不可能なところがあるのではないか。こうした問いは熟考してみるに値するだろう。

そして、原初の時代以降の歴史を概観するなら、人類は確実に貨幣経済、商品経済を発展させ、さらには市場経済、資本制生産・交換＝流通・消費・再生産体制を展開してきたのであり、物を交流させ、交易するときにはもっぱら等価なものの交換というかたちで実行している。意外なことかもしれないが、〈正しさ＝正義〉という観念も、アリストテレスの倫理学を参照すると、等しさ・同等性・等価性に基づいて成立している面がきわめて大きい。暗黙のうちに商取引・交易のようなエコノミー的活動を範型にして〈公正＝正しさ〉を考えている部分が大きいのである。

こうして、いわゆる経済活動の領域、また法＝正義（司法）の領域などでは、等価交換というかたちにおける交流・交易が当然のものとみなされているが、しかし人間は、他方で、等価交換という交流・交易の外の領域を忘れてしまったわけではない。古代に発生し、近・現代にまでつながるキリスト教のような世界的な普遍宗教においては、無償で恩恵を与えること、〈贈与的にふるまう〉ことが大切な徳、慈愛＝隣人愛《シャリテ》という徳であるとされてきた。宗教が教えるところでは、他の者たちの求め——多くは無言のままの呼びかけや訴えかけ——に応じて、ひとは自分の大事な富や財（の貴重な部分）を犠牲にし、苦境にある他なる人へと贈り、譲るべきである。それは徳ある、善き行いであり、他者の呼びかけに応答する、責任あること、そして人間としての義務をはたすことである、とみなされている。ここに、宗教的なものが要請するモラルの基本のひとつがあるだろう。長い間、キリスト教世界においては、富や財の貴重な部分は、蓄積したり、投資したり、融資して利息を稼いだりすべきものではなく、他なる人たちの無言の呼びかけに応えて贈与すべきものであった（ただし、実際には、教会や修道院に寄進されただけだったのだが）。

初期キリスト教は古代世界における——等価性に基づく——〈正しさ〉の観念をのり越えて、もっと大きな贈与的次元を持つ〈救済〉——イエスの受難とその無償の愛の贈与を信じることという救済——をもたらした。そう思われた。だが、そういう大きな贈与的次元は真に贈与的性格を持つものとして維持されただろうか。そうではなく、のり越えがたい難関に出会ってむしろ贈与性は打ち消されてきたのではないだろうか。

いま述べたような問いは、もっと多くの問いの一部にすぎないが、とにかく本書においては、こうした類の問いかけから発して、贈与に関わる諸問題をできる限り系譜学的な見方に沿って考察してみようと試みた。

まだ十分に考えられていないところが多くあると思う。本書は、ひとつの試論として書かれたものにほかならない。ご批判いただければ幸いである。

本書は、基本的に言って、新たに書き下ろしたものだが、第一章「古代思想における〈正しさ〉」は、もっと簡潔なかたちで、かなり以前に雑誌『大航海』に掲載したことがある（「道徳、正義、贈与——『道徳の系譜』、『新約書』、デリダ」、『大航海』第二五号、一九九八年一一月）。そのときお世話になった編集者の方にお礼を申し述べたい。

本書がこのように成立するにあたっては、講談社学芸部の互盛央さんに万般にわたってたいへん細やかなご配慮を賜った。心より感謝の気持ちを申し上げる。

二〇二〇年二月二八日

湯浅博雄

湯浅博雄（ゆあさ・ひろお）

一九四七年生まれ。東京大学大学院人文科学研究科博士課程単位取得。パリ第三大学大学院に留学。東京大学大学院総合文化研究科・教養学部教授を経て、現在は東京大学名誉教授。専門は、フランス文学・思想。

主な著書に、『反復論序説』（未來社）、『バタイユ　消尽』（講談社学術文庫）、『ランボー論』（思潮社）、『聖なるものと〈永遠回帰〉』（ちくま学芸文庫）、『応答する呼びかけ』、『翻訳のポイエーシス』（以上、未來社）ほか。

主な訳書に、ジル・ドゥルーズ『ニーチェ』、ジョルジュ・バタイユ『宗教の理論』、『エロティシズムの歴史』（共訳）（以上、ちくま学芸文庫）、ジャック・デリダ『パッション』、『信と知』（共訳）（以上、未來社）、『ランボー全集』（共訳）（青土社）、モーリス・ブランショ『終わりなき対話』（共訳）（筑摩書房）ほか。

贈《ぞう》与《よ》の系《けい》譜《ふ》学《がく》

二〇二〇年　六月　九日　第一刷発行

著　者　湯《ゆ》浅《あさ》博《ひろ》雄《お》

発行者　渡瀬昌彦

発行所　株式会社　講談社
東京都文京区音羽二丁目一二—二一　〒一一二—八〇〇一
電話（編集）〇三—三九四五—四九六三
（販売）〇三—五三九五—四四一五
（業務）〇三—五三九五—三六一五

装幀者　奥定泰之

本文印刷　株式会社　新藤慶昌堂

カバー・表紙印刷　半七写真印刷工業株式会社

製本所　大口製本印刷株式会社

ISBN978-4-06-519439-3　Printed in Japan
N.D.C.133　230p　19cm

講談社選書メチエの再出発に際して

講談社選書メチエの創刊は冷戦終結後まもない一九九四年のことである。長く続いた東西対立の終わりはついに世界に平和をもたらすかに思われたが、その期待はすぐに裏切られた。超大国による新たな戦争、吹き荒れる民族主義の嵐……世界は向かうべき道を見失った。そのような時代の中で、書物のもたらす知識が一人一人の指針となることを願って、本選書は刊行された。

それから二五年、世界はさらに大きく変わった。特に知識をめぐる環境は世界史的な変化をこうむったとすら言える。インターネットによる情報化革命は、知識の徹底的な民主化を推し進めた。誰もがどこでも自由に知識を入手でき、自由に知識を発信できる。それは、冷戦終結後に抱いた期待を裏切られた私たちのもとに差した一条の光明でもあった。

その光明は今も消え去ってはいない。しかし、私たちは同時に、知識の民主化が知識の失墜をも生み出すという逆説を生きている。堅く揺るぎない知識も消費されるだけの不確かな情報に埋もれることを余儀なくされ、不確かな情報が人々の憎悪をかき立てる時代が今、訪れている。

この不確かな時代、不確かさが憎悪を生み出す時代にあって必要なのは、一人一人が堅く揺るぎない知識を得、生きていくための道標を得ることである。

フランス語の「メチエ」という言葉は、人が生きていくために必要とする職、経験によって身につけられる技術を意味する。選書メチエは、読者が磨き上げられた経験のもとに紡ぎ出される思索に触れ、生きるための技術と知識を手に入れる機会を提供することを目指している。万人にそのような機会が提供されたとき初めて、知識は真に民主化され、憎悪を乗り越える平和への道が拓けると私たちは固く信ずる。

この宣言をもって、講談社選書メチエ再出発の辞とするものである。

二〇一九年二月　　野間省伸

ヘーゲル『精神現象学』入門　長谷川　宏
カント『純粋理性批判』入門　黒崎政男
知の教科書　ウォーラーステイン　川北　稔編
知の教科書　スピノザ　C・ジャレット　石垣憲一訳
知の教科書　ライプニッツ　F・パーキンズ　梅原宏司・川口典成訳
知の教科書　プラトン　M・エルラー　三嶋輝夫ほか訳
フッサール　起源への哲学　斎藤慶典
トクヴィル　平等と不平等の理論家　宇野重規
完全解読　ヘーゲル『精神現象学』　竹田青嗣　西　研
完全解読　カント『純粋理性批判』　竹田青嗣
本居宣長『古事記伝』を読むⅠ～Ⅳ　神野志隆光
分析哲学入門　八木沢　敬
ドイツ観念論　村岡晋一
ベルクソン＝時間と空間の哲学　中村　昇
精読　アレント『全体主義の起源』　牧野雅彦
九鬼周造　藤田正勝
夢の現象学・入門　渡辺恒夫

ヨハネス・コメニウス　相馬伸一
アダム・スミス　高　哲男
ラカンの哲学　荒谷大輔
記憶術全史　桑木野幸司
オカルティズム　大野英士
新しい哲学の教科書　岩内章太郎

近代性の構造　今村仁司
身体の零度　三浦雅士
人類最古の哲学　カイエ・ソバージュⅠ　中沢新一
熊から王へ　カイエ・ソバージュⅡ　中沢新一
愛と経済のロゴス　カイエ・ソバージュⅢ　中沢新一
神の発明　カイエ・ソバージュⅣ　中沢新一
対称性人類学　カイエ・ソバージュⅤ　中沢新一
近代日本の陽明学　小島　毅
未完のレーニン　白井　聡
経済倫理＝あなたは、なに主義？　橋本　努
ヨーガの思想　山下博司
パロール・ドネ　C・レヴィ＝ストロース　中沢新一訳
連続講義　現代日本の四つの危機　齋藤元紀編
ブルデュー　闘う知識人　加藤晴久
怪物的思考　田口卓臣
熊楠の星の時間　中沢新一
来たるべき内部観測　松野孝一郎

アメリカ　異形の制度空間　西谷　修
絶滅の地球誌　澤野雅樹
共同体のかたち　菅　香子
アーレント　最後の言葉　小森謙一郎
三つの革命　佐藤嘉幸・廣瀬　純
なぜ世界は存在しないのか　マルクス・ガブリエル　清水一浩訳
「東洋」哲学の根本問題　斎藤慶典
言葉の魂の哲学　古田徹也
実在とは何か　ジョルジョ・アガンベン　上村忠男訳
創造の星　渡辺哲夫
なぜ私は一続きの私であるのか　兼本浩祐
いつもそばには本があった。　國分功一郎・互　盛央
創造と狂気の歴史　松本卓也
「私」は脳ではない　マルクス・ガブリエル　姫田多佳子訳
西田幾多郎の哲学＝絶対無の場所とは何か　中村　昇
名前の哲学　村岡晋一

英国ユダヤ人　佐藤唯行
オスマンvs.ヨーロッパ　新井政美
ポル・ポト〈革命〉史　山田　寛
世界のなかの日清韓関係史　岡本隆司
アーリア人　青木　健
ハプスブルクとオスマン帝国　河野　淳
「三国志」の政治と思想　渡邉義浩
海洋帝国興隆史　玉木俊明
軍人皇帝のローマ　井上文則
世界史の図式　岩崎育夫
ロシアあるいは対立の亡霊　乗松亨平
都市の起源　小泉龍人
英語の帝国　平田雅博
異端カタリ派の歴史　ミシェル・ロクベール　武藤剛史訳
ジャズ・アンバサダーズ　齋藤嘉臣
モンゴル帝国誕生　白石典之
〈海賊〉の大英帝国　薩摩真介

フランス史　ギヨーム・ド・ベルティエ・ド・ソヴィニー　鹿島　茂監訳／楠瀬正浩訳
地中海の十字路＝シチリアの歴史　藤澤房俊
月下の犯罪　サーシャ・バッチャーニ　伊東信宏訳

日本語に主語はいらない　金谷武洋
テクノリテラシーとは何か　齊藤了文
どのような教育が「よい」教育か　苫野一徳
感情の政治学　吉田 徹
マーケット・デザイン　川越敏司
「社会《コンヴィヴィアリテ》」のない国、日本　菊谷和宏
権力の空間／空間の権力　山本理顕
地図入門　今尾恵介
国際紛争を読み解く五つの視座　篠田英朗
中国外交戦略　三船恵美
易、風水、暦、養生、処世　水野杏紀
「こう」と「スランプ」の研究　諏訪正樹
丸山眞男の敗北　伊東祐吏
新・中華街　山下清海
ノーベル経済学賞　根井雅弘編著
俗語発掘記　消えたことば辞典　米川明彦
氏神さまと鎮守さま　新谷尚紀

日本論　石川九楊
丸山眞男の憂鬱　橋爪大三郎
「幸福な日本」の経済学　石見 徹
危機の政治学　牧野雅彦
主権の二千年史　正村俊之
機械カニバリズム　久保明教
養生の智慧と気の思想　謝心範
暗号通貨の経済学　小島寛之
電鉄は聖地をめざす　鈴木勇一郎
日本語の焦点　日本語「標準形《スタンダード》」の歴史　野村剛史
ヒト、犬に会う　島 泰三
解読 ウェーバー『プロテスタンティズムの倫理と資本主義の精神』　橋本 努
AI時代の労働の哲学　稲葉振一郎
ワイン法　蛯原健介
MMT　井上智洋

最新情報は公式twitter　→@kodansha_g
公式facebook　→https://www.facebook.com/ksmetier/

講談社選書メチエ　心理・科学

MÉTIER

- 「私」とは何か　浜田寿美男
- 記号創発ロボティクス　谷口忠大
- 知の教科書 フランクル　諸富祥彦
- もうひとつの「帝銀事件」　浜田寿美男
- 意思決定の心理学　阿部修士
- フラットランド　エドウィン・A・アボット　竹内 薫訳
- セックス・イン・ザ・シー　マラー・J・ハート　桑田 健訳
- 母親の孤独から回復する　村上靖彦
- こころは内臓である　計見一雄
- AI原論　西垣 通
- 魅せる自分のつくりかた　安田雅弘
- 「生命多元性原理」入門　太田邦史
- 天然知能　郡司ペギオ幸夫
- 事故の哲学　齊藤了文
- アンコール　ジャック・ラカン　藤田博史・片山文保訳
- インフラグラム　港 千尋
- 発達障害の内側から見た世界　兼本浩祐

- 実力発揮メソッド　外山美樹